BARBARA BERCKHAN

Je lâche mes CROYANCES LIMITANTES *et* J'EXAUCE MES RÊVES

VIVRE LÉGER

Dans la même collection VIVRE LÉGER

Hypersensible et bien dans ma peau, Susanne Moeberg
Assez trimé !, Barbara Berckhan
S'aimer rend fort, Stefanie Carla Schäfer
Je lâche prise, Heike Mayer
Merci, ça ira bien comme ça !, Gabi Ingrassia
Je lâche tout ça !, Pia Mester
Enfin libre dans ma tête !, Angelika Holdau
Célibataire, et alors ?, Ruth Knaup
Créer du lien et convaincre, Bernd Görner

Catalogue gratuit sur simple demande

Éditions Jouvence
France : BP 90107 – 74161 Saint-Julien-en-Genevois Cedex
Suisse : Route de Florissant, 97 – 1206 Genève
Site Internet : **www.editions-jouvence.com**
E-mail : info@editions-jouvence.com

Titre original : *Genau meins !*

Traduit de l'allemand par Catherine Thély
ISBN : 978-2-88953-122-6

Mise en pages : François Grandperrin
Couverture : Éditions Jouvence

BARBARA BERCHKAN

Je lâche mes CROYANCES LIMITANTES *et* J'EXAUCE MES RÊVES

Être pleinement soi

Traduit de l'allemand par Catherine **Thély**

jouvence EDITIONS

VIVRE LÉGER

SOMMAIRE

Chapitre 3

Chapitre 4

SOYEZ LE BIENVENU !

Bien souvent, tout commence par une rêverie fugace – « Ah, si j'avais le temps, j'adorerais… » ou « J'aimerais tant, un jour ou l'autre… ». Nimbée d'une aura de nostalgie, elle exprime un désir profond – humble et silencieux, mais tenace. Hélas, au lieu de nous abandonner à cette rêverie, nous la chassons de notre esprit pour remettre à plus tard sa réalisation. Quand nous aurons plus de temps, que nous y verrons plus clair, que la crise économique sera passée ; à moins d'attendre la retraite. De plus tard à jamais, il n'y a qu'un pas. À force de freiner, nous faisons une croix sur nos désirs, condamnant ainsi cette douce nostalgie à rester à jamais inassouvie.

Et si, dès maintenant, vous vous mettiez à l'écoute de vos rêves et de la nostalgie qu'ils expriment ? Ce livre vous invite à découvrir comment procéder. Il vous aidera à exaucer vos désirs grâce à ma méthode, très simple d'utilisation, que j'ai baptisée :

Allons cueillir une Étoile.

Votre Étoile, c'est ce qui vous fait vibrer, ce que vous aspirez à manifester dans votre vie. Ce livre va vous accompagner pour dénicher l'Étoile qui est la vôtre et la décrocher de la Voie lactée ; vous seul pouvez savoir ce qui, à vos yeux, est une Étoile.

QUEL QUE SOIT VOTRE DÉSIR PROFOND

En appliquant la méthode *Allons cueillir une Étoile*, vous pourrez, par exemple, réussir à peindre un tableau magnifique pour votre salon ou monter une exposition rassemblant vos œuvres. Vous serez à même de créer votre business ou l'activité professionnelle dont vous rêvez, ou bien d'inventer une sauce inédite pour agrémenter vos spaghettis. Tout commence par ce à quoi vous aspirez, ce qui vous fait palpiter.

La méthode *Allons cueillir une Étoile* est confondante de simplicité ; à tel point qu'un enfant de sept ans sait l'appliquer. Il est tout à fait probable que vous l'avez déjà expérimentée dans votre enfance ; car nous sommes tous des cueilleurs d'Étoile nés.

Enfant, vous étiez un être créatif prompt à suivre vos élans du cœur : rien de plus simple pour vous que de construire, peindre ou inventer sans cesse. En somme, c'est ce que les adultes appellent « jouer ». N'empêche, vous les réalisiez, vos souhaits : construire une cabane, donner naissance à un cirque ou vivre de folles aventures avec votre nounours et vos poupées.

Avant, il vous était aussi naturel d'accéder à votre Étoile que d'engloutir votre goûter quotidien. Puis quelque chose s'est interposé qui se nomme « éducation ». Vous avez appris à vous adapter. On vous a expliqué comment fonctionne le monde et comment vous comporter. Est arrivé ce qui devait arriver : votre capacité à cueillir une Étoile s'est étiolée. Au fur et à mesure de votre croissance, votre puissance créatrice s'est mise à rapetisser.

C'EST POSSIBLE – MÊME POUR VOUS

Bonne nouvelle : cette puissance créatrice, vous avez le pouvoir de la récupérer. Mais vous allez devoir apprendre à faire le tri et à vous débarrasser d'un certain nombre de croyances qui vous ont été inculquées. Celles du genre « Ça ne va jamais marcher », « Je ne suis pas capable – Je n'ai pas le droit de » que vous assène inutilement votre mental. Ce livre est un guide pratique pour vous aider à voir les choses sous un autre angle ; c'est aussi un support pour vous permettre d'accéder à votre Étoile. Les astuces que vous y trouverez ne sont pas toutes de mon cru. J'en ai glané beaucoup chez des cueilleurs d'Étoile[1] chevronnés – et à ce titre, elles sont le fruit de leur expérience. Mes échanges avec les cueilleurs d'Étoile se sont révélés incroyablement instructifs. Ils m'ont expliqué comment intégrer son Étoile à un quotidien bien rempli sans en pâtir ; et comment gérer les embûches qui se présentent en cours de route.

Apprêtez-vous à vivre une période passionnante dès lors que vous serez parti à la cueillette de votre Étoile. Vous allez mettre en place les changements que vous souhaitez tout en gardant d'entrée de jeu votre entière liberté : car rien ne vous oblige à quoi que ce soit.

Zéro pression,
zéro obligation de résultat.

Vous êtes parfaitement en droit, vous vous accordez pleinement la permission, de vous offrir votre Étoile.

---

1. N.D.T. : est ainsi évoquée dans ce livre toute personne qui se lance à la conquête de ses rêves.

Chapitre 1

Rien n'est irrévocable : je réussis à m'extirper tout seul du bourbier

Dans ce chapitre, vous apprendrez :

- à concentrer votre énergie sur ce que vous voulez au lieu de vous bagarrer contre ce que vous ne voulez pas ;

- pourquoi tout le monde ne se lance pas dans l'aventure, alors que c'est si facile de cueillir une Étoile ;

- comment vous mettre sur la piste de votre Étoile si vous ne l'avez pas encore identifiée ;

- pourquoi il n'est jamais trop tard pour exaucer vos rêves les plus chers.

VOILÀ COMMENT TOUT COMMENCE

Sylvia s'apprêtait à nouveau à en découdre. Elle en était déjà à son deuxième stage d'affirmation de soi, et un troisième lui aurait fait du bien. Elle voulait en imposer davantage en aiguisant encore plus son sens de la repartie, en déployant des stratégies argumentaires imparables, une fermeté à toute épreuve et des techniques de dialogue plus subtiles. Tout cela pour s'en sortir un peu mieux dans son environnement professionnel.

Cela faisait trois ans qu'elle travaillait pour une société d'import-export au sein de laquelle elle rongeait son frein. Du matin au soir, elle était à pied d'œuvre, luttant pour s'affirmer vis-à-vis de ses collègues et de ses supérieurs, quand il ne s'agissait pas des clients. Elle consacrait beaucoup trop de temps à éclaircir les malentendus et à rattraper les bévues des autres. Il suffisait que des documents comportent des erreurs, et Sylvia passait par là et s'empressait de les rectifier. Lorsque les délais de livraison promis s'avéraient impossibles à respecter, Sylvia sauvait ce qui pouvait l'être en calmant le jeu avec les clients en colère et en faisant tout son possible pour caler de nouvelles échéances. Elle améliorait le travail de ses collègues et rédigeait des rapports proposant des solutions pour ne plus reproduire les mêmes erreurs. Mais elle était la seule à se démener. Ses supérieurs, quant à eux, ne lui accordaient aucun soutien. Tant et si bien que Sylvia a fini par se faire de plus en plus d'ennemis au sein de l'entreprise, où déjà courait la rumeur que c'était une ambitieuse, bien déterminée à se hisser en haut de l'échelle.

Sylvia, elle, qualifiait la situation de « nauséabonde », car jour après jour elle s'acharnait à rattraper les boulettes des autres en veillant à ce qu'elles ne s'accumulent pas trop – tout en sentant aussi la moutarde lui monter inexorablement au nez. Or, lorsqu'elle m'a demandé comment faire pour mieux s'imposer, je l'ai freinée dans son élan.

QUAND LE VER EST DANS LE FRUIT, QUE SE PASSE-T-IL ?

Vouloir s'affirmer, c'est une excellente chose. Mais lorsque j'apprends que cela relève jour après jour d'un parcours du combattant, j'ai la puce à l'oreille. Quand une personne finit par se focaliser uniquement sur l'affirmation de soi, je sais que quelque chose ne tourne pas rond. Cette personne est

aux prises avec un mécanisme grippé – signe que, à un niveau relationnel, le ver est dans le fruit ; un phénomène qui n'existe pas seulement au travail. Il peut produire de gros dégâts au sein des familles, des relations amoureuses ou amicales, voire du voisinage ; pour y faire face, il faut montrer une détermination sans faille. Que faire lorsque l'on est confronté à des relations rongées par la discorde ?

Parfois, il suffit de déloger le ver. Un dialogue ouvert peut résoudre conflits et malentendus. D'après mon expérience, c'est une solution efficace à condition que toutes les parties concernées – ou au moins la plupart d'entre elles – le souhaitent vraiment.

Ce sont justement les personnes comme Sylvia – manifestement intelligentes et très sensibles – qui risquent d'y laisser leurs forces, tant elles ont horreur des relations délétères. Elles ont beau s'exprimer et apporter des améliorations, elles ne se rendent pas compte qu'au fond elles font figure de paria. Elles sont tellement à leur effort qu'elles finissent par s'oublier elles-mêmes. Résultat, elles perdent contact avec leur propre bien-être.

La cueillette d'une Étoile consiste à récolter le fruit d'une décision claire et nette. Celle de viser désormais exclusivement ce que vous estimez être le plus bénéfique pour vous – le **nec plus ultra**. *Une fois cette décision arrêtée, sachez cependant que vous serez confronté à une réalité imparable : personne ne viendra vous arracher à un bourbier relationnel. Personne ne se mettra en quatre pour vous servir une vie meilleure sur un plateau. La solution pour vous tirer de là, c'est en vous-même qu'elle se trouve : vous êtes l'aide que vous attendiez.*

À MOI LE *NEC PLUS ULTRA* !

Que vous soyez vous aussi confronté à une ambiance délétère ou enlisé dans un quelconque bourbier relationnel, chercher à vous affirmer davantage ne vous sera d'aucune utilité. Nettement plus efficace : ouvrez-vous plutôt à votre pouvoir créateur pour faire advenir ce dont vous rêvez. C'est ce que j'appelle la « capacité à cueillir sa propre Étoile ». La méthode *Allons cueillir une Étoile* est la mère de toutes les stratégies visant à l'affirmation de soi. Avec la cueillette de votre Étoile, vous vous procurez quelque chose qui vous fait du bien, que vous vous souhaitez de tout cœur. Et c'est exactement cela qui vous permet de vous extirper de contextes malsains.

Une Étoile naît dès lors que vous vous voyez atteindre un état plus heureux et serein. Votre Étoile est exactement ce à quoi vous aspirez.

QU'EST-CE QUI FERAIT BONDIR VOTRE CŒUR DE JOIE ?

Inversez intérieurement la vapeur en cessant de ressasser tout ce que vous ne voulez plus. Intéressez-vous plutôt à ce que vous voulez – à la situation dont vous rêvez ainsi qu'aux circonstances qui, dans votre cas, seraient idéales. C'est en vous absorbant dans cette réflexion que vous allez donner corps à une Étoile.

C'est exactement ce revirement intérieur que Sylvia devait vivre. Elle avait besoin d'une Étoile bien à elle qui lui servirait de guide au lieu de continuer à patauger dans la mélasse nauséabonde de son bureau. C'est pourquoi, à l'époque, je lui ai conseillé de prêter attention seulement à deux questions :

»⟶ Dans quel contexte ai-je envie de travailler ?

»⟶ Quel est le poste de travail qui me siérait le mieux ?

Sylvia s'est retirée du groupe de travail pour méditer tranquillement sur ces deux questions. Elle s'est réservé un coin tranquille où elle ne serait pas dérangée, le temps qu'elle trouve une réponse. Elle n'est revenue que deux heures plus tard. Alors que Sylvia réintégrait le séminaire, l'ensemble du groupe avait les yeux braqués sur elle – tout le monde était dans l'expectative. En elle, quelque chose avait changé. Elle a souri et, tout en s'asseyant, a lâché : « On dirait bien que j'ai trouvé ! »

Et les mots ont jailli, telle une fontaine. Elle s'est mise à décrire dans le détail le poste de travail dont elle rêvait. Par le menu, elle a listé les tâches qu'elle serait ravie d'endosser et les connaissances qu'elle devrait approfondir. Elle a expliqué en quoi consistait sa vision d'une belle collaboration avec ses collègues et ses supérieurs dans un espace où il fait bon travailler ; au fur et à mesure, elle ponctuait son discours de grands gestes, les joues en feu.

Son intervention a été saluée par des applaudissements unanimes. Nous étions à la fois étonnés de sa transformation et touchés par la fougue avec laquelle elle exprimait son engagement. Et nous étions à même de comprendre pourquoi Sylvia se sentait si malheureuse au poste qu'elle occupait jusqu'à maintenant.

Que s'était-il donc passé ?

Sylvia était entrée en contact avec ce qu'elle souhaitait au plus profond de son cœur. C'est d'ailleurs la première chose qui se produit quand on se met en quête d'une Étoile : on commence par la découvrir.
Lorsqu'elle a pris conscience de ce qu'elle voulait vraiment, Sylvia a constaté qu'elle n'y arriverait jamais en restant au poste de travail qu'elle occupait. Elle a mesuré la profondeur de l'abîme entre son souhait profond et la réalité de son quotidien professionnel. Désormais parfaitement consciente qu'elle n'était pas à sa place là où elle travaillait, elle m'a regardée, ne voulant plus savoir qu'une chose : « Comment vais-je faire pour exaucer mon rêve ? » Bonne question.
Le moment était venu d'expliquer en quoi consiste la méthode *Allons cueillir une Étoile*. Elle se déroule en trois étapes.

LES TROIS ÉTAPES POUR CUEILLIR SON ÉTOILE

1 *Donnez naissance à une Étoile que vous chérissez*

Songez à ce que, de tout votre être, vous aimeriez faire advenir dans votre vie. Brossez-en un tableau vibrant du bonheur que cela vous procurerait, n'hésitez pas à le magnifier. Surtout, ne tombez pas dans le compromis – faites surgir la vision idéale de votre rêve dans ce qu'il a de plus beau. Votre Étoile est née.

2 *Faites un inventaire complet*

Constatez ce qui est à votre disposition actuellement, c'est cela votre point de départ. Comment se présente votre situation actuelle ? Qu'avez-vous en main et qu'est-ce qui vous fait défaut pour la conquête de votre Étoile ?

3 *Avancez petit à petit vers votre Étoile*

Place à l'action. Il s'agit maintenant de faire le nécessaire pour atteindre votre Étoile. Quelles sont les initiatives à prendre pour obtenir ce que vous voulez ?

Peu importent les dimensions de votre Étoile : ces trois étapes ont été conçuespour vous permettre d'exaucer vos désirs.

Je vous invite maintenant à envisager une simple possibilité – celle que vous puissiez découvrir votre propre Étoile. Il s'agit tout bonnement d'admettre que vous avez une idée de vos désirs profonds. Il s'agit aussi de comprendre clairement ce dont vous ne voulez plus.

TROUVER LA PISTE QUI NOUS GUIDE VERS NOS RÊVES LES PLUS CHERS

1

Localisez votre non

Réfléchissez à deux ou trois faits récurrents de votre quotidien qui sont systématiquement synonymes d'agacement ou de frustration. Décortiquez chacun d'entre eux pour comprendre ce qui, précisément, vous déplaît souverainement chez eux. Qu'est-ce qui, en l'occurrence, a l'art de vous irriter, de vous mettre en boule ou de vous frustrer ? Vous avez localisé votre *non* : vous ne voulez plus de tout ça.

2

Localisez votre oui

Pensez à ce qui vous ferait du bien et à ce que vous aimeriez vivre au lieu d'être en proie à la contrariété ou à l'énervement. Quels seraient vos souhaits en la matière ?

3

Ne lésinez pas sur les détails

Visualisez la situation dont vous rêvez dans ses moindres détails. Prenez comme point de départ ce que vous voulez vraiment. Ne faites aucun compromis, ne pensez qu'à ce qui vous sert de façon optimale. Dès que cette vision libère en vous une sensation d'allégresse, cela signifie que vous avez mis le doigt sur un désir profond – qui va servir d'écrin à votre Étoile.

4

Sachez reconnaître les énergies de transformation

Le saviez-vous ? Tout ce qui vous agace et vous met hors de vous, c'est comme un doigt pointé vers vous qui vous assène : qu'est-ce que tu espères à la place ? Colère et ressentiment sont de l'énergie pure. Une énergie révélatrice de votre désir de changement.

5

Stop au gaspillage énergétique

Vous en gaspillez, de l'énergie, quand vous la dirigez sur quelque chose qui résiste à tout changement et que vous vous emportez sans cesse en vain. Et si, au lieu de la dilapider dans un environnement discordant, vous en faisiez dès maintenant un autre usage ? Concentrez-la plutôt sur ce qui vous procure une joie authentique.

6

Votre Étoile a le don de vous extirper de ce qui n'est pas bon pour vous

Souvent, une fraction seulement de l'énergie jusqu'alors absorbée par la colère suffit pour trouver son Étoile et la décrocher du firmament. Au lieu de continuer à vous embourber dans ce que vous ne voulez pas, mettez les voiles vers ce que vous voulez.

IL N'EST JAMAIS TROP TARD

Richard a toujours éprouvé un amour immodéré pour la musique, et cela remonte à son enfance. Quand il était à l'école, il a bénéficié de quelques cours de piano et de guitare ; il a continué à faire des progrès en pratiquant seul. Si bien qu'à l'âge de douze ans il s'est mis à composer des chansons et, à seize ans, il fondait un groupe avec trois amis. Féru de musique électronique, il a fini par acheter un synthé d'occasion.

Le bac en poche, il a consenti à se lancer dans les études en cédant à la pression de ses parents. Ces derniers ne voulaient surtout pas que leur fils unique gâche sa vie à cause de la musique – un art qui, selon eux, ne nourrit pas son homme. Richard a obtempéré en démarrant un cursus en informatique – tout en rêvant secrètement de devenir un jour compositeur.

Il lui a fallu redoubler pour réussir ses examens. Une fois ses études achevées, il n'avait plus qu'une idée en tête : être libre, enfin ! Il a démarré sa vie active en tant que chauffeur de taxi, ce qui lui a permis de mettre de l'argent de côté pour s'offrir un voyage aux États-Unis. À son retour, il est redevenu chauffeur de taxi – tout cela n'étant que provisoire, comme il aimait à le penser à l'époque. Parce qu'au fond il n'avait pas la moindre idée de la façon dont il comptait gagner sa vie. La seule chose qu'il savait, c'est ce dont il ne voulait pas : être condamné à une vie de bureau du lundi au vendredi en attendant les congés payés.

QUAND ON S'ENLISE DANS DES SABLES MOUVANTS

Richard savait uniquement ce qu'il ne voulait pas. Ce qu'il voulait, au fond, il n'en avait aucune idée. Si bien qu'il a repris son rôle de chauffeur de taxi. Puis un jour il a jeté l'éponge. Et il s'est reconverti en livreur de pizzas avant de s'improviser coursier. Il naviguait ainsi de job en job et devait se contenter de prendre ce qui lui était proposé sur le marché de l'emploi. Cela ne l'empêchait pas d'espérer LE travail qui lui permettrait de s'en mettre plein les poches : il faut dire qu'à cette époque Richard vivait au jour le jour. Peu à peu, le manque d'argent s'est manifesté au quotidien ; Richard se faisait engloutir lentement mais sûrement dans des sables mouvants qui l'aspiraient toujours plus. Il a craqué lorsque, devenu videur à l'entrée d'une discothèque, il s'est aperçu au bout de quatre semaines qu'il n'en pouvait plus de ces jobs ingrats et mal payés. Il s'est alors mis à postuler frénétiquement partout pour trouver un emploi d'informaticien. Un métier qui, certes, ne le faisait pas vibrer, mais qui avait le mérite de procurer la sécurité de l'emploi et une rémunération convenable. Résultat, il a fait chou blanc. Il avait terminé ses études trop longtemps auparavant, ses connaissances n'étaient plus à jour et, en plus, il n'avait pas d'expérience professionnelle dans ce domaine. Qui plus est, ses nombreux jobs ne valorisaient pas son CV ; Richard, ne sachant plus que faire, s'est retrouvé désemparé. C'est comme s'il avait été condamné *ad vitam aeternam* à survivre de petits boulots précaires. Sans la moindre perspective d'avenir.

S'ORIENTER DE L'INTÉRIEUR

Sans boussole intérieure, on s'expose au risque de devenir une feuille emportée par le vent, ballottée par les circonstances extérieures – le marché de l'emploi, la conjoncture, les fluctuations de la Bourse, sans oublier les aléas de l'existence. Un tableau a priori courant, comme dans le cas de Richard, avec une vie au jour le jour faite de coups de chance et de coups durs. Telle une feuille emportée par le vent – au gré des aléas du *monde extérieur*.

Or, donner vie à son Étoile, c'est rentrer en pleine possession de son pouvoir personnel.

Vous ne pourrez pas trouver votre Étoile si votre regard est tourné vers l'extérieur et si vous vous contentez de suivre le mouvement en faisant comme tout le monde. Vous ne la trouverez pas davantage dans les offres d'emploi et le temps passé à analyser la conjoncture. Vous la trouverez en sondant votre être profond.

Votre perspective, votre orientation, vous les trouverez en vous. Cherchez en vous ce qui a le don de vous emballer, de vous transporter, ce que vous adorez faire : c'est cela même qui va donner vie à votre Étoile.

Revenons-en à Richard : lui aussi a donné vie à sa propre Étoile avant de la décrocher. Quand nous nous sommes rencontrés, cela faisait un moment qu'il s'était installé et vivait, depuis, de son studio d'enregistrement personnel. Il s'était mis à composer et à produire de la musique pour des spots publicitaires et même parfois des courts-métrages.

Il est venu me raconter son histoire en marge d'une conférence dans laquelle j'avais été invitée à intervenir.

*« Notre tête est ronde
pour permettre à notre pensée de changer de direction. »*

Francis Picabia

J'étais titillée par la curiosité. Comment Richard avait-il renversé la vapeur et atteint son Étoile ? Il m'a raconté qu'il a d'abord traversé une crise épouvantable. Après avoir touché le fond, il était complètement perdu. N'obtenant pas de poste d'informaticien, il a commencé à s'endetter. Il n'en pouvait plus des petits jobs, or, aucun débouché ne se profilait à l'horizon. Et voilà que du fond de son trou, il s'est posé la question cruciale : qu'est-ce que je veux vraiment ?

La réponse lui est parvenue, comme le souligne Richard, de ses tripes : revenir à la musique. Un univers qu'il aimait, dont il avait déjà la nostalgie dans son enfance. Et à nouveau, voilà que Richard se sentait interpellé. Du fond de cette crise, il a compris qu'il était un musicien-né.

Richard ne savait rien de la méthode *Allons cueillir une Étoile* et pourtant il a fait d'instinct tout ce qu'il avait à faire. Il s'est laissé guider par ce qu'il aimait. Il a commencé par se dire qu'il pouvait fort bien travailler en tant que musicien et compositeur. D'ailleurs, il se voyait déjà aux manettes de son studio d'enregistrement. En se projetant dans cette vision, il a compris que c'était cela qu'il devait faire, conforté par la sensation qu'il en tirerait et qu'il n'avait jamais éprouvée auparavant – tant lors de ses études que dans l'un ou l'autre de ses nombreux jobs. Il était complètement emballé. Et c'est comme cela qu'il a découvert la voie à suivre.

DU POUVOIR DE LA PENSÉE

Dès lors, Richard s'est focalisé sur tout ce qui était en rapport avec son Étoile. Il s'est mis en contact avec d'autres musiciens et tous ceux qui avaient un studio d'enregistrement. Il s'est remis à composer de petites pièces. Les choses avançaient à un rythme très lent ; mais plus tard, lorsqu'elles se sont accélérées, tout s'est mis en place avec une facilité déconcertante.

C'est avec un regard brillant que Richard m'a raconté la première fois où il a composé la musique de la bande-annonce d'un court-métrage ; laquelle lui a rapporté son premier cachet de compositeur. À l'époque, il devait se faire prêter le matériel, car il n'avait ni instrument ni studio d'enregistrement à lui. Certes, il était confronté à l'éventualité qu'il lui faudrait injecter plus d'argent dans le projet que celui-ci n'en rapporterait, et pourtant : à son grand étonnement, il lui en était resté. Une somme modeste, qui néanmoins prouvait à Richard que la musique n'est pas un art qui ne rapporte rien. Ainsi, il savait qu'il pouvait vivre de la musique.

« J'étais fou de joie. Mon premier contrat rémunéré – c'était ma première victoire. J'étais sur le bon chemin. J'ai fini par gagner ma vie très correctement. Mais jamais je ne me suis autant réjoui que cette fois-là. » À ces mots, Richard arborait un visage radieux avec des étoiles – son Étoile – plein les yeux.

Nous sommes prisonniers
non pas des circonstances
ou de nos relations,
mais de notre mental
qui nous empêche d'avancer.

Ce qui se joue dans notre crâne est décisif. Si nous voulons améliorer notre existence, nous devons changer notre mode de pensée. Or, le mental a une habitude déplorable : il préfère s'en tenir aux sentiers battus. Pour que nos pensées changent de cap, il leur faut souvent un petit stimulus de l'extérieur – une impulsion. En voici une petite pour vous.

PENSER EN EMPRUNTANT DE NOUVEAUX SENTIERS

Identifier ce qui est le plus important

★ Admettons que vous puissiez métamorphoser tout ce qui est désagréable dans votre vie en quelque chose de réjouissant, que choisiriez-vous de transformer en premier ?

Du non *au* oui

★ Y a-t-il quelque chose que vous voulez rayer de votre vie ? Une situation, un travail dont vous aimeriez ne plus faire l'expérience ? Si tel est le cas, en quoi consisterait *l'opposé* de ce dont vous ne voulez plus ? Qu'est-ce qui, précisément, serait plus positif ou réjouissant dans ce cas de figure ? Imaginez ce qui vous conviendrait.

Découvrir vos propres aspirations

★ Supposons l'espace d'un instant que vous puissiez orchestrer votre vie exactement comme vous le souhaitez. Comment auriez-vous envie de vivre l'année prochaine ? Qu'en serait-il dans cinq ans ? En y réfléchissant, tenez compte de tous les domaines de la vie tels que relation amoureuse et famille, travail et lieu de vie, voisinage et cercle d'amis, sans omettre ceux du bien-être physique et de la nutrition ; incluez tout ce qui vous vient à l'esprit. Votre vie telle que vous la rêvez dans ses moindres détails, à quoi ressemble-t-elle ?

Ne CHERCHE PAS
le CIEL
Ailleurs
qu'en toi-même.
Mary Lou Cook

APPLIQUÉ À LA LETTRE, C'EST UN JEU D'ENFANT

Quelle que soit la nature de ce qui met votre cœur en joie, la cueillette d'une Étoile se déroule toujours en trois phases. La première consiste à visualiser ce que vous souhaitez de tout cœur et à imaginer le résultat final : c'est votre Étoile. Deuxième étape : faites le point et constatez ce que vous avez déjà et ce qui vous manque. La troisième se concrétise en progressant petit à petit vers votre Étoile, ce qui va vous permettre d'exaucer le rêve qui vous importe tant.
La simplicité confondante de la méthode saute aux yeux à l'énoncé de ces trois principes. Mais alors, à quoi servent toutes ces explications ?

Malheureusement pour l'être humain, ce n'est pas toujours facile de faire simple.

VOUS RECONNAISSEZ-VOUS ?

Visionnaires et doux rêveurs

★ Certains se contentent, par exemple, d'avoir des flashs. Ils ont des idées géniales sur tout ce qui pourrait être réalisé… et en restent là avec leurs projets de haute volée qui ne voient jamais le jour. Ce sont de doux rêveurs.
Les étapes deux et trois de la méthode sont, pour ces derniers, cruciales : ce sont elles qui permettent d'ancrer une vision dans la réalité. C'est ainsi que nos idées et projets prennent corps – en gardant les pieds sur terre.

Pragmatiques et rois de l'initiative

★ Il y a aussi les personnes qui excellent dans l'action, mais ce qui leur manque, c'est une Étoile. Chaque jour, elles s'attellent à leur *to-do-list* avec entrain et détermination – sans savoir exactement ce qu'elles veulent à terme. Ces personnes ont beau être très actives, elles ne sont pas plus avancées que des hamsters qui courent dans leur roue.
Dans ce cas, la première étape de ma méthode est un outil précieux pour qu'elles puissent accueillir leurs désirs profonds. C'est là, justement, que le bât blesse chez les personnes dispersées dans l'action. Pour arrêter de pédaler en vain, il leur faut une vision sur laquelle se calquer. Il ne leur restera plus qu'à consacrer une partie de

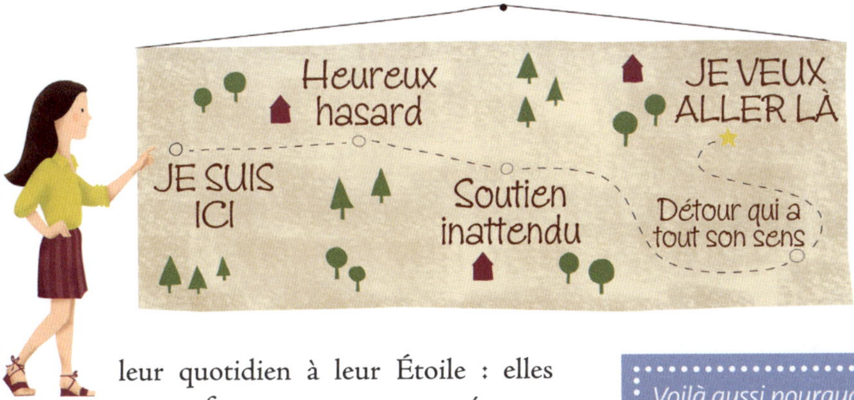

leur quotidien à leur Étoile : elles vont enfin avancer et, par conséquent, améliorer leur qualité de vie.

Têtes en l'air et hurluberlus

★ Enfin, il y a aussi des personnes promptes à mettre la charrue avant les bœufs et à agir complètement en dépit du bon sens. Ce sont les têtes en l'air fantasques, des hurluberlus fort sympathiques, qui commencent et terminent une tâche à l'aveuglette on ne sait comment, en agissant ici, en ayant un flash là, avant de filer dans une tout autre direction. Si, avec les hurluberlus, l'amusement est garanti, il faut aussi se munir d'une bonne dose de patience et veiller à ne pas s'énerver.

Les trois étapes de l'« attrape-étoile » telles qu'elles sont prévues dans leur ordre chronologique et leur logique servent au bon déroulement des choses : d'où la nécessité de commencer par la première avant d'aborder la deuxième pour enfin passer à la troisième étape.

C'est cela qui permet de prendre son envol tout en gardant les pieds sur terre.

Voilà aussi pourquoi il est tellement important d'expliquer en détail les trois étapes de la cueillette d'une Étoile : j'ai rencontré bon nombre de personnes qui ont atteint leur Étoile sans jamais avoir entendu parler de cette méthode. C'est d'instinct qu'elles ont mis les trois étapes en application, à l'instar de Richard, dont l'exemple a été évoqué précédemment. Ce faisant, ces personnes n'ont pas conscience d'avoir mis en pratique un principe universel de création. Elles n'ont pas forcément réalisé qu'elles pourraient aussi l'appliquer dans d'autres domaines de leur vie. Si bien que certains de ces cueilleurs d'Étoile ont certes atteint leur rêve sur un plan professionnel sans pour autant vivre une vie privée épanouissante. À moins que ce ne soit l'inverse. Il est donc important de prendre conscience des trois étapes et de les accomplir dans les domaines où l'on se trouve encore dans l'impasse.

UN TERREAU FERTILE POUR NOURRIR VOTRE ÉTOILE

Exercice

C'est vous qui façonnez votre propre Étoile. Personne ne peut le faire pour vous, personne ne peut vous en interdire l'accès. Votre Étoile, c'est tout l'amour et l'enthousiasme que vous éprouvez pour quelque chose.

Pour trouver votre Étoile, il vous faudra prendre un peu de recul face aux obligations liées au quotidien et au travail – et aux autres impératifs tels que « Il faut encore que je fasse », « Je ne dois surtout pas oublier de »…
Ce n'est pas dans votre routine ou dans votre roue à hamster que vous allez dénicher votre Étoile. Vous la trouverez dans le silence de votre être, en allant à la rencontre de vous-même. En vous accordant un temps pour vous.

Arrêtez de tout remettre
au week-end prochain
ou aux prochaines vacances.

PRENEZ LE TEMPS : MAINTENANT !

Accordez-vous un temps de repos

★ Asseyez-vous dans un coin tranquille ; vous allez vous brancher sur d'autres pensées. Oubliez pour un instant tout ce que vous avez à faire, votre travail n'est pas en perdition. Relâchez les tensions en respirant profondément et lentement – quitte à produire un soupir sur l'expiration. Bien installé dans votre siège, adoptez une posture confortable. Savourez ce temps de pause.

Libérez votre mental

★ Nos pensées peuvent parfois fuser dans tous les sens en nous faisant ressasser moult préoccupations et tâches à accomplir. Ces pensées qui reviennent en boucle génèrent de la pression et du stress. Vous pouvez libérer votre mental en dressant une liste de tout ce que vous avez à faire et de tout ce qui vous préoccupe. Quand votre liste sera exhaustive, accordez-vous une pause et postez-vous devant la fenêtre pour regarder dehors sans faire quoi que ce soit d'autre.

Questionnez votre cœur

★ Détendez-vous, rentrez en vous-même. Posez-vous cette question : « Si tout ce que je me souhaite devient réalité, en quoi cela me changerait-il la vie ? » Attendez tranquillement les réponses. Et accueillez tout ce qui vous vient à l'esprit comme une idée en or.

Rétablissez la connexion avec ce que vous adorez faire

★ Souvenez-vous de deux ou trois choses que vous aimiez faire, enfant. Cela peut être un jeu en particulier ou une activité de bricolage qui vous emballait. Ou quelque chose qui vous rendait euphorique, comme passer la nuit autour d'un feu de camp, chahuter lors de batailles de polochons, collectionner vos trésors. Pensez maintenant à deux ou trois choses auxquelles aujourd'hui vous vous adonnez volontiers mais trop rarement à votre goût, voire pas du tout, faute de temps. Admettons que sur un claquement de doigts vous puissiez inviter plus de joie dans votre quotidien, quelle en serait la nature ? De quoi pourrait-elle naître ?

Une Étoile n'est en aucun cas un poids supplémentaire que vous vous mettez sur le dos : bien au contraire, elle vous extirpe de la pesanteur du quotidien.

Chapitre 2

C'est parti ! Mettons en application les trois étapes de la méthode *Allons cueillir une Étoile*

Dans ce chapitre, vous pourrez :

- établir une vision claire de votre rêve et la noter par écrit ;

- passer en revue de façon réaliste les dons et talents qui sont les vôtres ;

- accomplir les premiers pas qui vous mettront sur la bonne voie pour décrocher votre Étoile du ciel.

ABANDONNEZ-VOUS À LA VISION DE VOTRE ÉTOILE

Vous avez déjà tout ce qu'il vous faut à disposition : votre imaginaire et votre aptitude à vous représenter, à visualiser une scène – exercice dans lequel vous excellez naturellement. Même si vous n'avez pas pour habitude de faire appel à des images sur commande, vous savez visualiser ; cela vous arrive probablement beaucoup plus souvent que vous ne le croyez.

Le hic, c'est que bien trop souvent nous faisons surgir en nous des visions d'angoisse et d'effroi. Et nous voilà en train d'imaginer que ce point douloureux dans l'abdomen peut être synonyme de cancer. Ou que l'avion dans lequel nous venons d'embarquer va s'écraser. Ou alors, que nous n'avons pas coupé le gaz – déjà, nous voyons la maison ravagée par un incendie.

C'est exactement dans ce potentiel imaginaire que vous devrez puiser pour donner le jour à une Étoile. Mais au lieu de vous projeter dans une situation dont vous ne voulez surtout pas, mettez votre imagination au service de ce que vous voulez. Faites éclore une vision qui va faire déborder votre cœur d'allégresse – au lieu de l'abreuver d'inquiétude.

UNE TAPETTE À MOUCHES DANS LA TÊTE

Au début, certaines personnes ont du mal à visualiser ce qu'elles aimeraient vivre. Elles n'arrivent pas à déclencher une vision positive. Non que ces personnes soient privées d'imagination ; bien au contraire, elles savent faire preuve d'un talent rare pour appeler des images qui sont autant de promesses d'effroi et de menace. Or, elles ne parviennent pas à se focaliser sur ce qui leur ferait du bien. Cas fréquent – en ravivant leurs rêves les plus chers, elles captent des images faisant miroiter tout le bien-être qui pourrait en découler, mais soudain, l'écran se brouille, parasité par l'apparition inopinée de pensées telles que : « Ça ne donnera rien de toute façon », « C'est du grand n'importe quoi », « Ça ne marchera jamais » ou « Je n'obtiens jamais ce que je veux ». Ces pensées font office de bonne grosse tapette à mouches, laquelle réduit la vision en bouillie avant même qu'elle puisse se déployer. Cela se déroule tellement vite que la présence de cette tapette à mouches mentale passe totalement inaperçue. Et la personne concernée d'imputer le phénomène à son absence d'imagination. Ce qui est faux : la puissance de l'imagination est bel et bien là, mais elle est muselée par les pensées décourageantes. Même les plus performants des cueilleurs d'Étoile sont parfois touchés par ce phénomène.

Par conséquent, gardons en tête la règle suivante :

Dès qu'une Étoile se fait jour, le « Ça ne marchera pas » adore se manifester. Il est tellement prompt à surgir que l'Étoile est réduite à néant d'entrée de jeu.

Si cela vous arrive à vous aussi, ce n'est pas une raison pour abandonner. Vous aurez le dessus dès lors que vous aurez remarqué l'apparition de ces pensées démoralisantes. En prenant conscience de la présence de votre tapette à mouches mentale, vous pourrez vous en libérer :

Ne croyez pas un mot de ce que vos pensées décourageantes vous racontent.

Ce sont des pensées d'avant, issues de l'époque où vous deviez brider votre imagination pour vous adapter à votre environnement. Vous avez atteint l'âge adulte, ce qui vous permet de faire des choses qui vous étaient refusées étant petit. Vous avez beaucoup plus de force, de savoir et de compétences qu'avant. Les pensées décourageantes, de par leur nature obsolète, hantent les rouages de votre cerveau. Ne leur prêtez plus attention – c'est le meilleur moyen de vous en débarrasser. Et quand vous remarquez que la tapette à mouches se manifeste à nouveau, continuez à vous focaliser uniquement sur ce que vous voulez accomplir.

DESSINE-MOI UNE ÉTOILE

Exercice

Si votre Étoile ne vous est pas apparue clairement, voici comment vous y prendre :

PRÉPAREZ-VOUS À DÉFINIR SES CONTOURS

→ Papier et crayon sous la main, placez-vous dans un endroit tranquille.
→ Ne vous mettez pas sous pression ! N'exigez pas que cela marche tout de suite. Vous pourrez faire autant d'essais que vous le désirez.
→ Il n'y a rien de plus simple et joyeux que de se projeter dans la vision d'un rêve exaucé dans sa plus belle expression. Détendez donc les muscles de votre visage, mettez-vous dans une position confortable.

ABANDONNEZ-VOUS À LA VISION DE VOTRE RÊVE

Il est important, avant de commencer, de veiller à ne pas juger votre vision ni vous censurer. Permettez-vous de donner libre cours à votre fantaisie, sans aucun complexe.

★ Choisissez un domaine de votre vie dans lequel un besoin de changement se fait ressentir. Demandez-vous : « Si je pouvais concrétiser mon souhait, qu'impliquerait-il exactement ? Au plus profond de moi, qu'est-ce que j'ai envie de vivre ? » Examinez précisément ces questions.
★ Focalisez-vous sur votre ressenti. Sur la joie éprouvée face au tableau que vous créez avec le pinceau de votre regard intérieur. Si ce tableau ne vous remplit pas de joie, vous n'êtes pas dans le juste. Votre vision ne s'est pas enflammée.
★ Immergez-vous dans la vision de votre rêve. Imaginez-le abouti au point d'avoir atteint sa meilleure expression. Visualisez-vous en train de le vivre, qu'est-ce que cela vous fait ? Comment serait, dès lors, votre quotidien ? *Sentez* ce que cela vous fait d'obtenir ce que vous vous souhaitez de tout cœur.
★ Faites un descriptif de votre rêve par écrit : vous transformerez ainsi en réalité tangible ce qui a commencé par une rêverie. Notez-le dans l'espace prévu page 32. Libre à vous de compléter avec un dessin ou une esquisse.

Une motivation à toute épreuve

Pour qu'une Étoile soit accessible, il est important de donner libre cours à l'enthousiasme et à la joie. La seule chose qui compte, c'est la conception de ce qui vous rend heureux personnellement. Dès lors, vous ferez preuve d'une motivation à toute épreuve. Certes, nous avons à notre disposition une autre force, elle aussi très puissante et éminemment motivante. Mais je vous la déconseille, car elle n'a rien d'agréable. Cette force, c'est la peur, encore un levier que nous avons appris à actionner dès notre enfance. D'après vous, qu'est-ce qui vous a poussé à rabâcher du vocabulaire, à réviser vos dates d'histoire ou à bricoler des antisèches pour vos formules de maths ? L'attrait pour ces matières ? Non, la plupart du temps, c'était la peur – des mauvaises notes, du redoublement ou de la déception parentale. Même à l'âge adulte, nous sommes toujours en proie à une peur larvée en filigrane des nombreux objectifs que nous nous fixons. Bien souvent, nous ne la percevons pas en tant que telle. Pour ne pas faire figure de losers, nous nous sentons obligés d'atteindre ces objectifs et accusons plutôt la pression ou le stress. Or, quand la peur est là, on se sent petit et faible. Ce n'est pas une motivation qui fait du bien, alors autant opter pour quelque chose de mieux : nous avons toujours le choix – nous soumettre à la peur et à la pression ou suivre la voie de l'enthousiasme.

DE LA VISION POSITIVE À L'ÉTOILE

Ce que vous visualisez va donner vie à une Étoile si vous êtes décidé à poursuivre. C'est votre engagement personnel en faveur de cette vision qui va permettre à votre Étoile de briller au firmament.

> Votre Étoile, c'est la vision d'un rêve réalisé dans sa meilleure expression, conjuguée à votre détermination à le réaliser.

UNE VISION QUI SCINTILLE DE MILLE FEUX

Il est important de décrire votre vision en la notant par écrit. Ce sera le premier pas pour inscrire votre objectif dans une réalité visible après l'avoir façonné en esprit.

MON ÉTOILE

Voici la situation que j'aspire à vivre de tout cœur :

Voici ce que je ressens quand je me projette dans cette situation :

LES PREMIÈRES IDÉES

Reportez-vous aux pages 34 et 35 et rassemblez ici les premières idées qui vous viennent à l'esprit. Ne vous censurez pas, même si vous avez le sentiment que parfois vous êtes a priori hors réalité.

LES RESSOURCES POTENTIELLES

Où trouver des pistes et idées supplémentaires ? À qui pouvez-vous vous adresser ? Où pourriez-vous, par la suite, glaner des informations ? Qui pourrait vous apporter du soutien ?

C'EST PARTI POUR L'INVENTAIRE

Une fois que votre vision est clarifiée, il se passe un petit miracle que vous ne remarquez pas immédiatement : votre manière de percevoir les choses change. La naissance de votre Étoile déclenche le déploiement d'une antenne parabolique interne. Cette antenne capte toutes les informations qui vous permettent de vous rapprocher de votre Étoile, car elle est tournée dans leur direction.

Vous voilà désormais en train de recevoir des indications stellaires ; les premières informations naissent dans votre esprit. Ce sont des inspirations qui vous orientent sur la façon dont vous pourriez atteindre votre Étoile.

Si ces idées vous parviennent, c'est parce que maintenant votre cerveau se focalise là où il faut. Vous savez ce que vous voulez. C'est cela même qui vous permet de mettre en place de nouveaux mécanismes mentaux.

AMÉNAGER UN NID D'IDÉES

Retenez toutes les idées qui vous passent par la tête. Même celles qui, dans un premier temps, vous paraissent irréalisables ou bizarres. Souvent, une idée en entraîne une autre ; et parfois, ce qui a priori semble loufoque peut se révéler génial par la suite.

En plus, votre antenne parabolique capte aussi des informations émanant de votre environnement. Les cueilleurs d'Étoile sont tout le temps aux aguets. Qu'il s'agisse d'un magazine, du programme télé de la soirée ou d'une causette avec le voisin, des contenus en lien avec votre propre Étoile peuvent surgir de partout en permanence.

Votre Étoile, tel un aimant, attire ce dont vous avez besoin pour que vous puissiez l'atteindre.

Le monde est à 100 % de votre côté. De partout, vous recevez de quoi nourrir votre Étoile, y compris d'horizons dont vous attendiez le moins. Tout ce dont vous avez besoin, c'est d'être en capacité d'absorber tout ce qui vous parvient.

Partout dans le monde les cueilleurs d'Étoile présentent un signe distinctif : ils prennent des notes dans la plus parfaite décontraction, quel que soit le lieu où ils se trouvent. C'est un bon réflexe de toujours avoir de quoi écrire sous la main. Moi-même, je glisse toujours un petit carnet dans la moindre de mes poches.

DE QUOI DISPOSEZ-VOUS D'EMBLÉE, DE QUOI AVEZ-VOUS BESOIN ?

La première étape de la méthode étant cochée, vous savez en quoi consiste votre idéal. Si vous avez façonné votre vision en fonction de vous-même, vous êtes sur la bonne voie. Vous avez trouvé la perspective juste, vous savez quelle orientation suivre.
Pour la deuxième étape, il s'agit de faire le point. Grâce à elle, vous prendrez un bon départ. Lequel consiste justement à examiner votre mise de départ. En termes de temps, d'argent, de place, de contacts, d'informations et de capacités, qu'avez-vous déjà à votre disposition ? Qu'est-ce qui manque à l'appel ?
Passer tout cela en revue revient à faire un inventaire qui vous permet de savoir où vous en êtes exactement. C'est comme chercher son chemin en s'aidant d'une carte : il faut d'abord connaître son point de chute. Ensuite, vous regardez où vous vous situez. Et quand vous avez repéré les deux lieux, vous êtes en mesure de trouver le bon chemin pour parvenir à destination.

LES CONDITIONS DANS LESQUELLES VOUS DÉMARREZ

Pour faire l'inventaire, voici un point très important à respecter :
Les mauvaises conditions de départ, ça n'existe pas. Vous aurez seulement affaire à des conditions qui dès le début mettent plus ou moins de distance entre vous et votre Étoile.

Peu importe à quelle distance une Étoile se trouve, elle est accessible. Parfois, cela prend juste un peu plus de temps. Suite à votre inventaire, vous saurez ce qu'il vous faudra entreprendre en premier. C'est le moment où vous allez aborder la phase pratique de ma méthode, dans tout ce qu'elle a de plus concret. Votre vision perchée dans les hauteurs va commencer à s'ancrer dans la réalité.
Ici aussi, suivez la règle suivante : gardez sous la main toutes les idées et intuitions qui vous traversent l'esprit. Faites des listes et notez ce que vous avez, ce qui vous manque encore et comment vous le procurer.

PORTER UN REGARD JUSTE SUR SOI-MÊME

Procéder à un inventaire peut s'avérer franchement simple et évident si, par exemple, vous décidez d'aménager une niche dans le jardin pour votre toutou. Mais qu'en est-il quand il s'agit d'atteindre une tout autre Étoile, bien plus complexe ou grandiose ? Quand vous-même êtes appelé à jouer un rôle clé ? Par exemple quand il est question de changer d'activité professionnelle ou de fonder une famille. Auquel cas, aucun intérêt de faire le point sur votre stock de vis ou de clous. Pour une Étoile de ce genre, l'inventaire concerne aussi votre personne : quel type de personne êtes-vous ?

Que savez-vous faire, qu'avez-vous à proposer?

À PROPOS DU COMPLEXE D'INFÉRIORITÉ

En matière d'autoévaluation, la tendance à se sous-estimer prend bien souvent le pas ; résultat : cela nous amène à faire allègrement l'impasse sur les aptitudes et acquis – pourtant précieux – qui sont les nôtres. Si bien que l'inventaire peut mener à la conclusion que notre Étoile est inaccessible. Tel a été le cas de Véra. À 49 ans, alors que ses deux enfants avaient déjà pris leur envol, Véra était en train de vivre un divorce douloureux ; son mari avait mis fin à un mariage de vingt-huit ans pour rejoindre une autre femme, plus jeune qu'elle.

Véra a vécu cette séparation comme une chute dans un puits sans fond. Elle disait d'elle-même : « Quand j'ai dû me séparer de mon mari, je n'étais plus rien, j'étais juste devenue vieille et grise. » Dans ses jeunes années, Véra avait travaillé comme secrétaire ; puis, avec la maternité, elle était devenue femme au foyer. Et maintenant que ses enfants étaient grands et que son mari l'avait quittée pour une autre, elle se demandait ce qu'elle allait devenir.

Cela lui a pris du temps, mais Véra a fini par regarder droit devant elle ; elle s'est mise à l'écoute de ses souhaits profonds. Elle avait envie de retrouver une vie active, mais pas en tant que secrétaire. Ce qui l'attirait, c'était un travail davantage axé sur le contact. Son Étoile ? Une activité dans le domaine social, de préférence en lien avec l'enfance. Une fois visualisé le poste qui l'attirait, elle est passée à l'étape suivante, en procédant à son inventaire. Et c'est précisément à ce moment qu'elle s'est retrouvée en difficulté. Il aurait fallu qu'elle fasse un état des lieux complet de ses compétences professionnelles, talents et contacts. À la place, elle a jeté un bref regard consterné sur sa situation présente. Il ne s'était pas passé cinq secondes que, découragée, elle constatait : « Tout ça ne pourra jamais se faire. Je ne suis pas formée pour travailler avec des enfants, j'ai passé l'âge de tout recommencer à zéro. » Voilà en quoi consistait son inventaire – et comment son Étoile s'est éteinte dans la foulée. La mort prématurée d'une Étoile est un phénomène hélas fréquent ; d'où l'utilité de se demander ce qui s'est passé précisément pour en arriver là.

Précisons-le d'emblée : un état des lieux qui ne dure que quelques secondes est un simulacre d'état des lieux.

Répertorier les trésors et ressources qui sont les nôtres sur un laps de temps aussi court relève de l'impossible. Un inventaire digne de ce nom prend davantage de temps. En revanche, deux petites secondes suffisent amplement pour que complexe d'infériorité et vieilles croyances partent à l'assaut de notre mental. C'est d'ailleurs exactement ce qui est arrivé à Véra.

UN REGARD OBNUBILÉ PAR NOS LACUNES

Véra s'est focalisée sur ses lacunes. En examinant sa situation présente, elle s'est limitée au constat de ce qui lui *manquait*. Elle n'a pas prêté attention à son actif, mais à son passif. Ce qui lui faisait défaut lui a sauté aux yeux – trop âgée, pas de formation adéquate. Résultat : elle a immédiatement capitulé ; une manière de procéder des plus courantes qui condamne à mort toute Étoile naissante.

Ne voir que ses lacunes, c'est faire l'impasse sur la richesse de ses ressources personnelles. C'est, par conséquent, dédaigner ses expériences et son savoir-faire, reléguer aux oubliettes ses dons et talents. Enfin, c'est ignorer ses contacts et amis.

Ne voir que ses lacunes, c'est se sentir petit, misérable et faible. Un regard focalisé sur nos insuffisances fait de nous, à tort, des êtres insignifiants, indignes d'attendre quoi que ce soit de la vie. Pour Véra, il était crucial de comprendre qu'elle avait uniquement tenu compte de son passif. Ce constat éclairant représente, en soi, un progrès énorme. Tant de gens, pourtant doués, se traînent ainsi dans la vie sans jamais remarquer qu'ils ont été bernés par ce regard restrictif. Il suffit de se rendre compte que jusqu'ici nous nous sommes focalisés uniquement sur ce qui nous fait défaut, et nous avons déjà gagné la moitié du combat. Cesser de croire en cette unilatéralité permet d'en sortir grand vainqueur. Les personnes qui réalisent que jusqu'à présent elles se focalisaient sur le manque vivent, pour la plupart, une révélation. Comme Véra, qui d'un coup a compris que, depuis sa plus tendre enfance, elle se prenait pour quelqu'un de moins intelligent, de moins compétent que les autres. Et pourtant, elle savait que son entourage la voyait d'un autre œil – mais elle ne se sentait pas capable de grand-chose, tant elle faisait peu de cas de ses capacités et de tout ce qu'elle avait accompli jusqu'alors. Elle ne se trouvait jamais à la hauteur.

RECONNAÎTRE LES TRÉSORS QUE NOUS AVONS EN NOUS

La pratique de la méthode *Allons cueillir une Étoile* a de merveilleux effets secondaires ; elle permet, entre autres, d'en finir avec le complexe d'infériorité et de se défaire de la sensation dévalorisante d'être petit et médiocre – de ne pas être à la hauteur. La quête d'une Étoile fait immanquablement remonter à la surface des croyances autodestructrices – une belle opportunité, avouons-le, de se libérer d'un vaste mensonge !
Véra, bien décidée à se reprendre, a fini par faire vraiment le point sur elle-même. Son inventaire, cette fois, était nettement plus étoffé. Elle a dressé la liste de tout ce qui, au cours de sa vie professionnelle et de son expérience de mère, avait été source d'apprentissage. Elle a consigné tous les dons et talents qu'elle avait su déployer avec les enfants. Puis elle a fait le point sur toutes activités et tous contacts en rapport avec le domaine social. C'est avec étonnement que Véra a conclu qu'il y avait « de la matière à exploiter », pour reprendre ses propres mots. Ce faisant, elle a ramené son Étoile à la vie.
Certes, à ce stade, Véra ne savait toujours pas comment transformer en réalité sa vision d'un travail en lien avec le monde de l'enfance, mais elle se sentait portée par un nouveau souffle. Son antenne parabolique était installée. Ce qu'elle avait conscientisé se dirigeait droit vers son Étoile, mettant ainsi les choses en mouvement.
Depuis, Véra a suivi une formation au sein de sa paroisse pour animer des ateliers mère-enfant ; puis elle a pris en main son propre atelier, en solo. Son Étoile a cessé d'être un simple fantasme. Elle ne l'a pas encore tout à fait atteinte, mais elle est sur le meilleur des chemins pour y arriver.

En procédant à un état des lieux digne de ce nom, vous allez pouvoir découvrir votre richesse intérieure dans toute sa splendeur et en tirer parti comme il se doit.

Puisez dans des ressources insoupçonnées
Souvent, vous constaterez que votre entourage est source d'assistance et d'indications importantes. Passez en revue vos connaissances, amis et parents : lesquels parmi eux pourraient vous donner un coup de main ? Auprès de qui pourriez-vous solliciter des astuces ou des informations ? Vous ne partez pas de zéro, votre histoire n'est pas une feuille blanche. Vous avez à votre crédit un vécu, vous avez appris des choses. Et vous avez déjà connu la satisfaction de mener à bien un projet, qu'il soit d'ordre privé ou professionnel. Mais vous pouvez très bien avoir oublié, au fil du temps, certaines de vos expériences ou réussites. Prenez tout le temps qu'il vous faudra pour vous souvenir des coups de maître dont vous êtes l'auteur. Laquelle de ces expériences pourriez-vous utiliser au profit de votre Étoile ? Faites le tour de votre logement. Vous serez étonné d'y trouver des choses déjà sous votre nez et qui vous seraient bien utiles pour cueillir votre Étoile. Aiguisez votre regard de cueilleur, et fouillez tiroirs et placards. Inspectez vos livres, prospectus et magazines et voyez si vous n'y dénichez pas quelque chose qui vous fera avancer.

CE QUE JE SAIS FAIRE

Ici, vous allez vous familiariser avec la pratique de l'inventaire, en dressant une première liste. Notez vos dons et talents ainsi que vos expériences. Prenez ensuite le temps de dresser une liste nettement plus exhaustive.

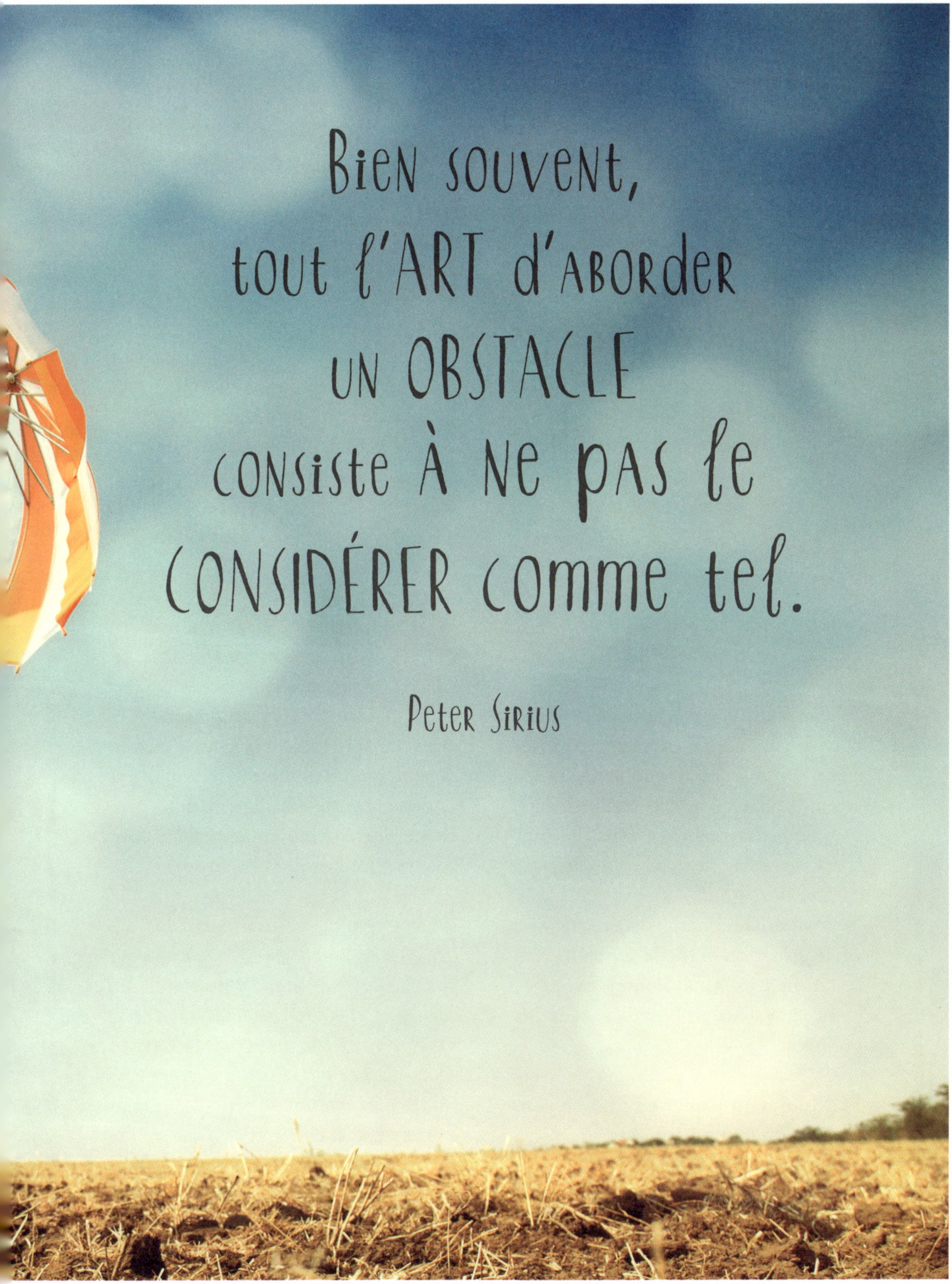

Bien souvent,
tout l'ART d'aborder
un OBSTACLE
consiste À ne pas le
CONSIDÉRER comme tel.

Peter Sirius

MON INVENTAIRE

Exercice

Un inventaire doit se faire avec un regard lucide. Il s'agit de dresser le constat de ce que l'on a et de ce que l'on n'a pas – sans que cela aboutisse à une tragédie. Il est parfaitement normal de découvrir la présence de lacunes. Si nous avions déjà tout ce qu'il nous faut, il n'y aurait pas d'Étoile.

FAITES LE POINT SUR VOTRE MISE DE DÉPART

★ Faites de nouveau appel à la vision de votre Étoile. De votre regard intérieur, contemplez ce que vous voulez atteindre dans son expression idéale, son aboutissement le plus parfait. C'est vers cela que vous vous dirigez.

★ Posez maintenant votre regard sur votre situation actuelle en veillant à rester neutre, sans ajouter de jugement de valeur ni basculer dans les préjugés.

★ Muni d'un papier et d'un crayon, écrivez tout ce qui est à votre disposition à l'heure actuelle pour aller à la rencontre de votre Étoile. Notez toutes les actions, capacités, tous les contacts existants et autres possibilités qui pourraient être utiles à votre Étoile. Constatez ce que vous avez en main actuellement en termes de temps, d'argent, de place – et tous les autres critères qui vous viennent à l'esprit.

★ Il est parfaitement normal que certains éléments brillent par leur absence. Mais il est fort probable que vous avez déjà une idée sur la façon de vous procurer ce qui vous fait pour l'instant défaut. Notez absolument tout : pas seulement vos idées, mais aussi les prochaines démarches envisageables pour vous rapprocher de votre Étoile.

Ne jetez jamais votre Étoile à la corbeille simplement parce qu'elle vous paraît par trop inaccessible. Tous les cueilleurs d'Étoile que j'ai rencontrés me l'ont confirmé : ils se sont tous sentis soutenus par la vie sur le chemin vers leur Étoile – comme si heureux hasards et autres coïncidences providentielles étaient venus à la rescousse. Autrement dit, c'est leur Étoile qui est venue à leur rencontre.

COMMENT FAIT VOTRE ÉTOILE POUR VENIR À VOTRE RENCONTRE ?

Pour que votre Étoile vienne à votre rencontre, vous allez devoir faire le premier pas. C'est une initiative qui doit venir de vous, c'est cela qui déclenchera le processus. Soyez votre propre soutien, et le reste du monde se chargera de vous apporter le sien. Il est d'ailleurs bien possible que le chemin qui vous semble a priori fort long le soit déjà moins. Les témoignages de cueilleurs d'Étoile dont j'ai croisé la route font régulièrement ressortir les propos suivants :

- « … Comme par hasard, j'ai rencontré quelqu'un qui m'a donné le tuyau dont j'avais besoin… »
- « … Subitement, une chance s'est présentée à moi… »
- « … Je suis tombé pile-poil au bon moment, si bien que j'ai eu l'opportunité… »

Tout cela, c'est grâce à l'Étoile.

LES ÉTOILES AGISSENT TELS DES AIMANTS.

Vous attirez littéralement à vous ce qui doit vous revenir. Si votre Étoile vous met le cœur en joie, ce phénomène magnétique va commencer à travailler pour vous.

Ne sous-estimez jamais la force qui naît de l'amour et de la détermination qui sont en vous.

DÉCROCHEZ VOTRE ÉTOILE DU CIEL

Partir à la conquête de son Étoile, c'est un peu comme tomber amoureux et s'abandonner à un délicieux envoûtement. C'est cela qui va vous aider à vous réaliser à travers votre Étoile, même si vous vivez un quotidien on ne peut plus terre à terre.

Cherchez dans vos souvenirs un épisode où vous avez été vraiment amoureux. L'être aimé occupait toutes vos pensées. Et bien que vous eussiez fort à faire, vous trouviez toujours du temps pour lui. Vous vous surpreniez à avoir des idées qui, jusqu'ici, ne vous auraient pas effleuré, comme composer des vers ou organiser des escapades à Paris. En pleine découverte de facettes de votre personnalité, subitement, vous aviez envie de devenir un pro du soufflé au fromage ou le roi de la rumba. Et surtout, vous pensiez beaucoup et souvent à l'être aimé.
De même, parce que vous êtes en amour avec votre Étoile, vous vous tournez vers des choses qu'avant vous auriez à peine remarquées. Vous accueillez le vent de nouveauté qui souffle sur votre vie et vous êtes prêt à vous lancer dans des expériences inédites. Subitement, ce que vous vivez fait battre votre cœur si fort que votre envie d'aller plus loin en est décuplée.

DU TEMPS ET DE L'ATTENTION

La troisième étape de la méthode *Allons cueillir une Étoile* est régie par la règle suivante :

*Ce qui fait battre votre cœur
va se déployer et prospérer
à condition de lui consacrer
temps et attention.*

Car dès le départ, votre Étoile est confrontée à un adversaire de taille : la routine qui est la vôtre. Laquelle consiste à satisfaire aux obligations du quotidien, auxquelles votre Étoile peut succomber. Vous aurez affaire – chose fréquente dès le début – à un véritable « tue-l'Étoile ».
Comme dans une relation amoureuse, vous ne deviendrez proche de votre Étoile que si vous faites preuve d'engagement envers elle. Il existe des moyens très simples pour cela.
Multipliez les pensées à son égard, bercez-la dans votre cœur.
Notez toutes les idées en rapport avec elle – tout ce qui vous vient à l'esprit, quel que soit le moment, où que vous soyez.
Plongez aussi souvent que possible dans la vision magnifiée de votre rêve devenu réalité.

Chaque matin au réveil, demandez-vous : que puis-je faire aujourd'hui en faveur de mon Étoile ?

PETIT À PETIT, L'OISEAU FAIT SON NID

Allez-y petit à petit, comme si vous étiez en train d'escalader l'Everest. Vous n'avez pas à tout finaliser d'un coup ou à aller au-delà de vos forces : la conquête d'une Étoile n'est pas un poids supplémentaire à porter. Vous vous consacrez simplement à ce qui met votre cœur en joie. Ce faisant, vous libérez en vous des forces insoupçonnées. En développant les deux premiers points de la méthode, vous vous êtes déjà senti inspiré par quelques idées pour réaliser votre rêve. Vous pouvez fort bien en sélectionner une ou deux, à développer dans les jours à venir. Au départ, il est très utile de noter les premières actions que vous allez entreprendre.

Les petits progrès sont particulièrement importants pour vous si vous avez tendance à tergiverser ou à procrastiner. Le fait de devoir vous lancer représente en soi un obstacle qui peut vous freiner dans votre élan. Mais si vous réduisez la hauteur de cet obstacle, votre saut en sera facilité. En entreprenant des tâches modestes, vous ne courrez aucun risque, il suffira de vous y mettre et de laisser venir la suite. En quoi consistent ces minitâches – cela dépend de votre Étoile. La plupart du temps, il s'agit simplement de glaner des informations ; vous serez certainement amené à passer des coups de fil, à demander à quelqu'un de vous envoyer une brochure ou à surfer sur le Net.

Une fois que le coup d'envoi sera lancé, une belle dynamique va se mettre en place d'elle-même ; vous allez remarquer que vous êtes en route vers votre Étoile – or, chaque millimètre compte. Vous constaterez que, parmi les choses que vous entreprenez, certaines ont leur utilité tandis que d'autres vous conduisent droit à l'impasse. Et pourtant ! Même les culs-de-sac vous feront avancer : il est bon de repérer les chemins qui ne mènent nulle part.

Certains jours, vous serez peut-être complètement accaparé par d'autres tâches, au détriment de votre Étoile. Ce n'est pas grave dans la mesure où vous compenserez en vous en occupant en priorité dès que vous en aurez l'occasion. De nombreux cueilleurs planifient sur leur agenda des moments dédiés à leur projet. C'est une bonne astuce pour éviter de constamment remettre ses objectifs à plus tard quand les choses se bousculent.

DES STRATÉGIES EN OR POUR CUEILLIR SON ÉTOILE

Trucs et astuces

1 *Faites preuve d'une curiosité affichée*

Les cueilleurs d'Étoile traquent les informations dont ils ont besoin. Pour ce faire, ils les puisent dans le cerveau des autres. Que dis-je – ils les en extirpent carrément ! Les témoignages de cueilleurs d'Étoile sont truffés des déclarations suivantes : « Je me suis plongé dans les Pages jaunes et j'ai appelé les gérants du type de société qui m'intéresse. Je les ai bombardés de questions. Il s'en est trouvé un seul sur quinze pour répondre à la totalité de mes interrogations, mais qu'importe : il m'a fourni les infos qui m'ont permis d'avancer. » Poser des questions et faire preuve d'écoute : voilà qui prépare bien le terrain.

2 *Ce que les autres pensent de vous n'a aucune importance*

Les cueilleurs d'Étoile confirmés se préoccupent peu, voire absolument pas, de l'impression qu'ils produisent sur autrui. C'est cela qui leur permet d'aller au-devant des autres sans aucun complexe. Ils se présentent, posent leurs questions, sont tout ouïe et font éclore leurs rêves. Ils le font pour eux, et non pour recueillir des ovations publiques. Ce que les gens pensent d'eux ? Ce n'est pas leur problème.

3 *Lancez-vous, tout simplement*

Les règles de l'art sont des préoccupations qui n'affectent pas les cueilleurs d'Étoile. Ce sont des découvreurs, des explorateurs – ils ont compris la nécessité d'être indulgents face à leurs erreurs. Un jour, j'ai croisé un homme qui était devenu un architecte paysagiste très connu. Son projet le plus grandiose – celui qui l'a rendu célèbre sur un plan international – consistait en l'aménagement d'un parc. Quand je lui ai demandé comment l'aventure s'était déroulée, il m'a répondu qu'il avait commis son lot de bévues. Erreurs et errances font partie des rebondissements, au même titre que les moments de gloire et de liesse. Courage ! Vous aussi, vous commettrez des impairs ; bienvenue au club !

4 Avec humour et amour

Le chemin qui mène à votre Étoile est comme un rendez-vous quotidien avec l'objet de votre amour. Mais parfois, glamour et romantisme sont mis à mal. On peut se retrouver, face à son chéri, dans une situation où la loufoquerie le dispute à la gêne. Il suffit que l'on se soit inondé de parfum, que le baiser rate sa cible ou que le dessert fasse un vol plané sur les genoux lors d'un dîner aux chandelles. Pour y faire face, il faut déployer une bonne dose d'humour – et beaucoup d'amour. Vous aussi aurez droit à des imprévus cuisants, les choses se dérouleront autrement que prévu. Parfois, donc, tout va de travers – tout comme les choses peuvent se dérouler beaucoup plus facilement que vous ne l'auriez pensé.

5 Établissez un plan de route

Prévoyez des étapes sur le chemin vers votre Étoile. Mettez-vous en route en acceptant de ne pas connaître d'avance toutes les actions à entreprendre pour accéder à elle. Contentez-vous de savoir quoi faire pour atteindre le prochain palier.

6 Ayez sous les yeux votre chemin vers l'Étoile

À vous de voir comment vous organiser. Dans quel ordre allez-vous procéder ? Au choix : vous pouvez dessiner votre projet ou le noter par écrit. Un grand calendrier comportant chaque mois de l'année, accroché au mur, peut aussi vous être utile. À moins de dessiner un schéma qui met en évidence chaque étape. Vous aurez sous les yeux une sorte de pub qui vous servira de mémo pour faire tout ce que vous avez à faire.

7 Fixez-vous des limites dans le temps

Autre astuce très utile : déterminez une date butoir pour chaque pas ou étape à accomplir. À vous de décider des échéances calendaires. Par exemple, ce que vous voulez régler pour votre Étoile avant la fin de la semaine, du mois, de la saison présente ou avant la fin de l'année.

8 Évitez de remettre à plus tard

Si votre quotidien est très chargé, n'attendez pas de trouver un moment pour votre Étoile, prenez-le. Faites de ce souhait si cher à votre cœur une priorité et voyez comment aujourd'hui vous allez pouvoir vous rapprocher de votre Étoile, même si ce n'est que d'un millimètre.

Chapitre 3

Trousse de dépannage pour gérer les tue-l’Étoile, les obstacles et peurs de toutes sortes

Dans ce chapitre, vous apprendrez :

- comment transformer en projets réalistes les souhaits profonds qui vous semblent chimériques, voire inconcevables ;
- comment neutraliser les tue-l'Étoile tels que « Ça n'est pas faisable » et « Je n'ose pas » ;
- comment gérer les accès de culpabilité dès lors que votre rêve occupe une place de choix dans votre vie ;
- comment éradiquer la peur de l'échec.

DU « C'EST IMPOSSIBLE ! » AU « C'EST POSSIBLE ! »

Certaines personnes sont franchement surprises quand elles constatent ce qui les fait vibrer. Elles sont face à des envies qui peuvent, à première vue, se révéler effectivement étranges, tant elles ont l'air invraisemblables ou insensées. Malheureusement, l'incompréhension qui s'ensuit déclenche le risque de les mettre à l'index d'entrée de jeu. Ce qui est bien dommage : souvent, derrière un désir qui semble parfaitement irréaliste se niche une aspiration pleine de sens qui ne demande qu'à être perçue.

QUAND UN ARDENT DÉSIR S'AVÈRE IRRÉALISTE

J'ai un souvenir vivace de la vision d'Anna telle qu'elle me l'avait décrite. Anna travaillait à mi-temps comme aide-soignante dans une unité de soins spécialisés en gérontologie. Visualiser ce à quoi elle aspirait était pour elle une chose difficile à accomplir. Elle savait parfaitement ce que ses enfants avaient envie de faire, ce que son mari voulait, elle savait ce qu'elle avait à faire chaque jour en tant qu'aide-soignante. Mais elle ignorait ce dont elle avait profondément envie. Au début, elle ne voyait rien qui soit susceptible de déclencher son enthousiasme. Qu'à cela ne tienne ! Elle a pris le temps de se poser et de donner libre cours à son imagination. Elle a fini par prendre conscience d'un souhait profond qui l'accompagnait en sourdine depuis longtemps déjà et qu'elle trouvait un peu embarrassant : elle rêvait de se procurer un vêtement de feu la princesse Diana. Oh non, ce n'était pas pour le porter ! Elle voulait seulement en avoir un. Sachant qu'après son décès tous les vêtements de Lady Di ont été vendus lors d'enchères caritatives, clôturées depuis longtemps. Cela semblait relever de l'impossible, mais Anna souhaitait vraiment posséder l'un de ces vêtements. Cette révélation a provoqué l'étonnement général au sein du séminaire. Tous, y compris Anna, m'ont regardée d'un œil interrogateur. Que faire lorsque l'on aspire à ce genre de chose ? A priori, il s'agissait d'une Étoile qui ne pouvait se réaliser, qui relevait de l'impossible.

À ce stade, il est important de souligner qu'une vision de félicité est toujours l'expression d'une aspiration profonde. Laquelle est avant tout un ressenti – intérieurement, nous sentons la nostalgie nous étreindre tant et si bien que notre cerveau y associe une image ; c'est notre imagination qui nous permet d'abreuver cette nostalgie. En fin de compte, une Étoile ne consiste jamais en une aspiration purement matérielle. Elle est toujours auréolée de la sensation d'être en vie au travers de nos envies.

Nos aspirations intimes ne sont jamais dénuées de sens. Certes, elles s'expriment parfois au travers d'envies que nous ne comprenons pas immédiatement. Or, bien au-delà, elles sont toujours révélatrices d'une grande sagesse.

DERRIÈRE L'ÉTOILE, LA SENSATION D'ÊTRE EN VIE

Notre Étoile a souvent le mérite de mettre plus d'équilibre dans notre existence. Tous les rôles que nous jouons, dans notre vie tant privée que professionnelle, finissent par prendre un coup de vieux. Peu importe si au début nous adorons ce que nous faisons ; à un moment ou à un autre, nous nous lassons. C'est un peu comme l'habitude de consommer des pommes de terre. Peut-être qu'avant vous teniez à en manger chaque jour de la semaine. Est arrivé le jour où, en ayant assez, vous avez eu envie de passer à un autre féculent. En vous s'est manifestée l'envie de changement – pourquoi pas des pâtes ou du riz ? Ce qui n'empêche pas les pommes de terre de figurer au menu – seulement de temps en temps.

POUR SE DÉPLOYER, VOTRE ÂME A BESOIN DE VOTRE ÉTOILE.

Comme Anna, vous pourrez vous retrouver face à des envies a priori complètement farfelues ou irréalisables. C'est juste lié au fait que votre cerveau se focalise sur l'objet de vos désirs. Mais cet objet est seulement le symbole d'une qualité de vie qui pour l'instant vous fait défaut ou n'est pas à votre portée. Cela dit, goûter à la joie qui vous inonde en visualisant ce qui vous fait plaisir est toujours édifiant.

J'ai proposé à Anna de garder à l'esprit cette image d'un vêtement de Lady Di. Je lui ai demandé ce qu'elle ressentirait si elle possédait un tel vêtement. « J'aurais la sensation de baigner dans le luxe, m'a-t-elle répondu, un peu comme si j'étais moi-même une aristocrate. » Un court instant, son visage s'est illuminé, puis elle a levé les yeux au ciel en concluant : « C'est d'un ridicule ! » avant de faire la moue. Et moi, de l'encourager : « N'empêche, vous avez eu un petit sourire ; vous pourriez nous dire ce qui vous est passé par la tête à ce moment-là ? »

Et Anna a répondu : « Quand on est aristo, on se fait servir par les autres, on a tout le monde à ses pieds. » Puis le ton s'est fait plus triste : « C'est tout le contraire de ce qui se passe chez moi. Je sers les autres, et quand ils ont tout sali, c'est moi qui nettoie. Que ce soit à la maison ou au travail, je ne suis qu'une femme de ménage. » Elle s'est figée avant de déclarer d'une voix décidée : « J'ai l'impression d'être une boule de billard que l'on expédie tous azimuts. J'aimerais, pour une fois, ne pas devoir bondir dès qu'on me siffle. Rester assise dans mon fauteuil et avoir quelqu'un qui s'occupe de moi au lieu d'être constamment au service des autres. » Chacun, dans le groupe, a pu mesurer la réalité d'Anna. Le vêtement princier était symbolique de ce dont elle avait profondément envie. En elle couvait la nostalgie d'ôter, pour une fois, son tablier de servante.

COMMENT Y ARRIVER ?

J'ai demandé à Anna : « Vous qui avez envie qu'on soit aux petits soins pour vous, comment pourriez-vous faire pour y parvenir ? »
Elle m'a regardée avec des yeux ronds et m'a répondu, légèrement agacée : « Mais ce n'est pas possible. J'ai trois enfants et je travaille comme aide-soignante dans un service de gérontologie. Et il y aurait quelqu'un pour me servir ? C'est n'importe quoi ! »
Ça y est, la tapette à mouches du mental avait frappé. Pourvoyeuse du tristement célèbre « Ce n'est pas possible » qui réduit une Étoile à néant.
Se faire servir – voilà une vision qui a priori semblait parfaitement irréalisable pour Anna. Et pourtant, je l'ai priée de ne pas la gommer immédiatement. Et je l'ai invitée à s'imprégner de la sensation que cela lui procurerait, en s'imaginant dans la peau d'une aristocrate qui n'a qu'à lever le petit doigt pour se faire servir. Anna s'est prêtée au jeu. Elle s'est retirée dans un coin tranquille pour s'imaginer dorlotée comme une princesse. Lorsqu'elle est revenue vers nous, nous étions tous curieux de savoir ce qu'elle avait découvert.
Avec un sourire espiègle, elle nous a déclaré : « Ça va vous sembler complètement fou, mais j'adorerais partir seule en vacances. Et séjourner dans un hôtel de luxe qui dispose de son propre institut de beauté. Du matin au soir, on serait aux petits soins pour moi. C'est quelque chose que je n'ai jamais fait de ma vie, mais j'imagine déjà ce que cela va me faire de tendre ma main à la manucure ! » Anna rayonnait littéralement alors qu'elle continuait à raconter. Elle avait trouvé l'Étoile dont elle avait besoin en priorité. Une Étoile à sa portée.

Mais ce n'était pas tout, loin de là. Anna avait réussi à crever l'abcès : « Et mon séjour dans un hôtel de luxe, ce n'est que le début. Il va falloir qu'à la maison les choses changent. C'en est fini de "l'hôtel *Chez Maman*". Et puis, je me demande si je vais continuer à travailler comme aide-soignante en gérontologie. Je m'imagine bien trouver autre chose, en tout cas un travail qui ne m'oblige plus à m'occuper des autres. J'ai toujours eu envie de me lancer dans quelque chose de créatif. Mais j'ai besoin de temps pour y réfléchir. En fait, il y a tellement de choses qui m'attirent ! »
Maintenant qu'Anna était gonflée à bloc, je lui ai demandé : « Bien, comment vous sentez-vous à présent ? » et elle m'a répondu en souriant : « J'ai l'impression de pétiller, comme si du champagne coulait dans mes veines ! »
Je l'ai relancée sur le vêtement de Lady Di, pour savoir si elle désirait toujours s'en procurer un. Anna a réfléchi : « Cela me plairait beaucoup, mais finalement ce n'est plus si important. Au fond, ce que je veux, c'est changer mon mode de vie. C'est de ça qu'il s'agit. »

Est arrivé ensuite ce qui arrive toujours quand on cueille son Étoile. Quand une Étoile vient au monde, tout semble conspirer pour qu'elle porte ses fruits. En effet, la vie se charge de nous soutenir dans nos vœux les plus chers.

TAPIS ROUGE

Lors de la pause, Anna s'est retrouvée au milieu des autres participants ; lesquels connaissaient tous un hôtel de charme qui réserve un accueil royal à ses clients. Certaines femmes ont aussi expliqué à Anna comment elles s'y prennent à la maison pour que les enfants participent davantage aux tâches ménagères. En l'espace de vingt minutes, elle reçut tellement de conseils et d'astuces pratiques qu'elle ne savait plus où donner de la tête. Elle avait l'air visiblement émue en rassemblant les adresses notées sur une multitude de bouts de papier. Son Étoile, qui avait vu le jour quelque trente minutes auparavant, était déjà en train de venir à sa rencontre.

CE QUE MON ÉTOILE SIGNIFIE À MES YEUX

Exercice

Cet exercice va vous aider à dépasser une vision a priori difficilement réalisable voire infaisable. Il va vous permettre d'avoir un avant-goût de la qualité de vie à laquelle vous aspirez à travers votre Étoile.

DÉCOUVRIR, DERRIÈRE VOTRE ÉTOILE, CE QUE VOUS ASPIREZ À VIVRE

★ Accordez-vous du temps et installez-vous dans un endroit calme et confortable.

★ Imaginez que vous avez déjà atteint votre Étoile. Quelle saveur aura votre existence lorsque vous aurez réalisé votre rêve ? Sentez, ressentez ce que cela vous fait de vivre ce à quoi vous aspirez. Plongez-vous dans ce ressenti. Laissez aller toute image qui vous vient à l'esprit, contentez-vous de ressentir. Et maintenant, demandez-vous intérieurement : existe-t-il d'autres voies et moyens pour atteindre cette sensation de félicité ?

★ La sensation qui vient de vous envahir peut maintenant donner naissance à une autre vision. Permettez à votre cerveau de mouliner tranquillement, accueillez les nouvelles idées qui se font jour en vous.

Quand vous contactez cette sensation de félicité générée par votre Étoile, vous abreuvez votre cerveau de nouveaux stimuli. Vous vous rendez compte qu'il existe d'autres voies qui vous permettraient d'atteindre le bien-être recherché. Ce qui jusqu'ici semblait impossible se transforme bel et bien en quelque chose de faisable.

« AH, SI J'ÉTAIS RICHE... »

Beaucoup de gens s'imaginent qu'ils pourront se pencher sur leurs vœux les plus chers une fois qu'ils auront honoré toutes leurs obligations et qu'ils n'auront plus à se préoccuper de l'état de leurs finances. De leur propre aveu, ils se voient bien devenir millionnaires. Souvent, s'impose à nous une vision de la richesse comme étant une condition. Nous croyons qu'en étant très riche, globalement, tout peut être résolu – les millions qui garnissent le compte en banque étant le sésame qui permettra de réaliser nos souhaits les plus chers. Mais attention à ne pas devenir prisonniers de ce rêve de millionnaire ! Nous risquons fort de passer à côté de ce à quoi notre cœur aspire profondément.

La richesse est un rêve qui bien souvent cache un désir profond très différent.

Si vous aussi vous caressez le rêve de devenir riche, cela vaut la peine de creuser. Je vous invite à découvrir le souhait profond qui se niche derrière. Lequel est probablement soumis à condition, celle de devenir riche avant de le réaliser. Cette condition étant difficile à remplir, elle peut vous entraîner bien loin de ce que vous souhaitez en réalité. Vous allez donc pousser un ouf de soulagement quand vous aurez découvert que vous pouvez emprunter un chemin plus direct et plus court.

Découvrez le souhait profond qui vous habite au-delà de l'image de la richesse

★ Imaginez que vous êtes riche comme Crésus et que vous avez tout ce que vous souhaitez. Brossez-en un tableau foisonnant de détails.

★ Le pas suivant va consister à vous imaginer qu'après un certain temps vous vous êtes habitué à tout ce luxe. Certes, vous en avez plein les poches, mais pour vous, c'est devenu un train de vie normal.

★ Une fois que vous vous êtes habitué à cette abondance financière, à quoi allez-vous donc employer vos journées ? Quelles seraient vos activités puisque l'argent est devenu le cadet de vos soucis ?

★ Imaginez maintenant que, certes, vous n'êtes pas encore riche, mais que rien ne vous empêche de vous rapprocher de votre désir profond. À quelle vision pourriez-vous faire appel pour vous y consacrer sans attendre ? Voilà qui vous fera créer une Étoile que vous rendrez réelle sans passer par aucun détour.

La prospérité, c'est du bien-être, lequel est accessible si nous réalisons ce qui nous tient à cœur. C'est ce que l'on appelle la « vraie richesse ».

QUAND LE TEMPS, L'ARGENT… ET L'ÂGE CESSENT D'ÊTRE RÉDHIBITOIRES

En faisant votre inventaire, vous ne manquerez pas de constater ce qui est à votre disposition – et ce qui ne l'est pas. Quand j'explique les rouages de ma méthode, je veille toujours à ce que personne ne laisse tomber son Étoile simplement parce qu'il manque ceci ou cela au démarrage. Je veille aussi à ce que personne ne se décourage, même s'il s'agit d'une grosse carence.

Au début de l'aventure, il est normal de ne pas disposer immédiatement de tout ce qui est nécessaire. Si tel était le cas, nous n'aurions plus besoin d'Étoile.

LES TROIS TUE-L'ÉTOILE LES PLUS FRÉQUENTS

Commençons par une pensée qui n'est rien d'autre qu'un tue-l'Étoile foudroyant : le « Ça ne marchera pas ». Il s'empresse de surgir dès qu'il s'avère que l'on n'a pas toutes les clés en main. Les constats « Je n'ai pas assez de ceci », « Il me manque cela » nous mènent à la conclusion que « forcément, ça ne peut pas marcher ». C'est dommage, car nous précipitons les choses. Certes, dans l'immédiat, certains éléments nous font défaut, mais ce dont nous disposons déjà est *suffisant* pour enclencher le processus de la cueillette. Réaliser son rêve est tout à fait possible même si au départ on ne détient pas toutes les ressources requises.

Or, l'on a souvent affaire à trois types de pensées « Ça ne marchera pas » :

- « Ça ne marchera pas parce que je n'ai pas le temps. »
- « Ça ne marchera pas parce que je n'ai pas d'argent. »
- « Ça ne marchera pas parce que je suis trop âgé (ou trop jeune). »

Si, comme tant d'autres, vous cumulez ces trois pensées, vous obtiendrez un tue-l'Étoile-XXL : « Ça ne marchera pas parce que je n'ai ni le temps ni l'argent, et en plus, vu mon âge, laisse tomber. » Ce faisant, vous abreuvez votre esprit d'un philtre empoisonné avec lequel vous allez mettre à mort la moindre idée de business ou d'activité créative, quel que soit le domaine de votre vie.

Il s'agit, pour y remédier, d'appliquer certaines mesures de détoxication avec ce principe très simple :

Modifiez votre point de vue
La pensée « Ça ne marchera pas » est une croyance nuisible qui vous a été inculquée. C'est une opinion qui s'est ancrée dans votre mental. Mais heureusement, vous pouvez la déloger.

SI, ÇA PEUT MARCHER – AUTREMENT !

L'histoire de Léa illustre très bien mon propos. Lorsque je l'ai rencontrée, elle exerçait encore son métier de comptable. Cela faisait longtemps que Léa avait un rêve : devenir un jour vétérinaire de campagne. Le type d'Étoile par excellence qui semblait d'emblée voué à ne jamais se réaliser : Léa avait dépassé la cinquantaine et ne détenait aucun diplôme de l'enseignement supérieur. Comment aurait-elle pu envisager des études de médecine vétérinaire ? Et même si elle réussissait à obtenir son diplôme grâce à des cours du soir, comment allait-elle financer ses études ?
Comment, dans ces conditions, atteindre une Étoile aussi inaccessible ? Il n'y a qu'un seul moyen : puiser dans notre potentiel créateur.
Léa se voyait donc exercer comme vétérinaire à la campagne. Elle s'était focalisée sur ce métier. Quand un rêve paraît à ce point impossible à réaliser, cela vaut la peine de pleinement ressentir la joie qu'il procure, au travers de l'Étoile. À ma demande, Léa s'est interrogée sur la nature de ce qu'elle avait envie de vivre. Elle a compris son désir de vivre en milieu rural et de soigner des animaux. Or, pour le faire, il ne faut pas obligatoirement avoir étudié la médecine vétérinaire. C'est seulement quand Léa a cessé de se focaliser sur ce métier que son Étoile est devenue accessible.
Elle a élargi sa vision des choses – suite à cela, elle est tombée comme par hasard sur une annonce proposant une formation en naturopathie pour animaux domestiques et bêtes d'élevage. Léa a foncé. Elle s'est lancée dans cette formation en suivant les cours du soir et du week-end tout en gardant son emploi. Certes, cette formation était payante, mais Léa a réussi à la financer en réduisant drastiquement son budget vacances.
Depuis, Léa s'est installée comme naturopathe pour animaux et les soigne par homéopathie. Et voilà comment elle a décroché une Étoile, qui, a priori, semblait inaccessible.

Ne permettez pas à vos pensées « Ça ne marchera pas » de briser votre Étoile. Se pourrait-il que ce dont vous avez cru avoir besoin ne soit finalement pas aussi important ? Il est bien possible que ce qu'il vous faut, c'est surtout plus d'idées, et non pas un surcroît de liquidités ou un âge plus adéquat.

COMMENT NEUTRALISER UN TUE-L'ÉTOILE

Trucs et astuces

CONSACREZ PLUS DE TEMPS À VOTRE ÉTOILE

Faites le point sur :

- les tâches que désormais vous pouvez partager avec d'autres personnes, à moins de les déléguer ;
- les rendez-vous que vous pouvez écourter ou décommander ;
- votre tendance à répondre présent immédiatement quand on vous sollicite ;
- certaines de vos habitudes qui, loin de vous servir, se révèlent, en plus, chronophages ;
- la promptitude avec laquelle vous vous transformez en saint-bernard, ce qui n'allège pas votre quotidien ;
- votre tendance à vous surcharger et à dire trop souvent : « Pas de problème, j'aurai réglé ça d'ici à demain. »

Il ne s'agit pas ici de révolutionner votre quotidien, mais de l'aménager pour que votre Étoile en fasse partie intégrante – sans pour autant laisser tomber les tâches incontournables de l'existence. Mais cela vous permettra peut-être d'instaurer de nouveaux impératifs dans votre vie courante tout en cessant de perdre du temps inutilement.

Du temps, vous en avez. À vous de choisir à quoi vous le consacrez.

PLUS D'ARGENT POUR VOTRE ÉTOILE

- Faites vos comptes avec la plus grande précision. Où part votre argent tous les mois ? Dans *quels postes précisément* l'injectez-vous ? Par quoi est-il englouti en douce ?

- Faites le distinguo entre les dépenses incontournables (comme le loyer, les charges, le budget alimentaire) et celles qui sont liées aux plaisirs de l'existence (vacances, abonnements divers et variés…). Où pourriez-vous limiter ou radier tout ce qui relève des dépenses accessoires ?

★ Cessez de vouloir impressionner votre entourage. L'argent dépensé de façon ostentatoire, c'est de l'argent gaspillé. Renoncez à faire des achats censés mettre en valeur votre pouvoir d'achat.

★ Inspirez-vous sans modération de l'art et la manière de faire des économies. Livres et contenus Internet seront autant de guides pour vous aider à mettre de l'argent de côté. Une fois conquis par tous ces bons plans propices à l'épargne, vous serez étonné des idées qui vous viendront à l'esprit pour décrocher votre Étoile du ciel à moindres frais.

Souvent, au début, le manque d'argent s'avère rédhibitoire si l'on se figure qu'il suffit d'avoir suffisamment de fonds pour obtenir ce que l'on veut – en passant par la case « achats ». Or, une Étoile, ça ne s'achète pas. Elle participe d'un processus créatif qui n'a rien à voir avec du shopping.

Même avec un petit budget, un rêve peut devenir réalité.

MAIS NON, VOUS N'ÊTES PAS « TROP ÂGÉ » !

« Je suis trop âgé. » Certes, cela peut s'avérer juste dans certaines circonstances. Il est bien possible qu'effectivement vous ayez dépassé l'âge pour être admis au sein de l'équipe de foot catégorie juniors. J'irai même jusqu'à dire que nous n'avons l'âge idoine que sur un court laps de temps. Si la question de l'âge vous taraude, vous avez de quoi vous sentir régulièrement mal à l'aise à ce sujet. *Si elle vous taraude.*

Eh oui, votre âge joue exactement le rôle que vous lui attribuez.

J'ai trouvé inspirant ce que Louise L. Hay, une auteure américaine, racontait de son parcours. Elle venait de franchir le cap des 50 ans lorsqu'elle a fondé sa propre maison d'édition. À 45 ans, elle s'est lancée dans l'informatique. À 60 ans passés, elle aménageait pour la première fois le paysage d'un jardin. À l'âge de 70 ans, elle s'est mise à prendre des cours de peinture et, à 75 ans, elle vendait ses premières toiles avant de se tourner vers le yoga. Si votre Étoile a le don de vous embraser, c'est signe que vous êtes dans le juste – votre Étoile n'a que faire de votre âge.

Vos souhaits profonds prennent leur source dans votre vécu. Peu importe votre date de naissance, du moment que vous sentez qu'il est temps de vous consacrer à vos désirs les plus chers : c'est maintenant que cela se joue.

QUE VOTRE INTENTION SOIT INÉBRANLABLE

Les cueilleurs qui ont fini par décrocher leur Étoile ont tous dû faire preuve de persévérance. Comme tout le monde, ils ont parfois été ébranlés par la vie, allant jusqu'à mettre un genou à terre. Mais ils se sont toujours relevés et ont continué sur leur lancée. Une obstination qui a été qualifiée d'« intention inébranlable » par l'une de mes séminaristes. Seule une volonté à toute épreuve vous permettra d'accéder à votre Étoile. Autrement dit, vous devez lui rester fidèle – peu importent les surprises que vous réserve l'existence.

ET QUAND LE QUOTIDIEN VOUS RATTRAPE…

La détermination que vous placez dans votre intention fonctionne selon un principe très simple : si tout se précipite en même temps et que vous ne savez plus où donner de la tête, vous accordez la priorité à tout ce qui est urgent ; et *dans la foulée*, vous reportez toute votre attention sur votre Étoile.

Cela vous paraîtra peut-être évident et facile à mettre en place. Détrompez-vous : vous serez rattrapé par la vie de tous les jours.

Laquelle est bien remplie ne serait-ce qu'avec le nombre de personnes qui nous sollicitent chaque jour. Sans oublier le téléphone qui sonne, la messagerie qui clignote, les mails en attente, les factures en souffrance – bref, autant de courriers avec les mentions « urgent » ou « meilleurs délais » bien mises en évidence. De quoi poser son Étoile de côté, quitte à s'en occuper plus tard. Puis, emportés par le tourbillon de la vie, nous cessons d'y penser, la condamnant à une mort silencieuse.

Le seul moyen fiable pour ne pas en arriver là, c'est de faire en sorte que votre intention soit inébranlable. Vous devrez faire preuve de détermination pour pouvoir consacrer une partie de votre temps et de votre énergie à votre Étoile.

Il est plus que probable que vous serez aussi confronté à des personnes envahissantes ou à des imprévus chronophages qui vous laisseront épuisé et incapable de mener à bien ce que vous aviez prévu d'important.

Autant le savoir d'entrée de jeu : à ma connaissance, jamais personne n'a réussi à cueillir une Étoile en éradiquant tous les facteurs qui volent temps et énergie. Le tout est de parvenir à imposer des limites à ce qui nous empêche d'avancer.

CE QUI VAMPIRISE TEMPS ET ÉNERGIE :

Vous ressassez vos pensées

Vous ruminez beaucoup et sans doute vous faites-vous aussi du souci. Vous avez beau vous creuser la cervelle, aucune solution ne vous vient à l'esprit. Le temps est comme suspendu. Vous pensez beaucoup – mais vous n'êtes pas plus avancé. Signe que vous gaspillez votre énergie.

Vous vous démenez en vain

Même les actions que vous mettez en place ne donnent rien. Le problème est toujours là ou ne cesse de ressurgir. Vous vous démenez en pure perte. Cela vous met les nerfs en pelote ; en plus vous perdez votre temps en faisant du sur place.

La moutarde n'en finit plus de vous monter au nez

Quand votre capital temps et énergie se réduit à peau de chagrin, en résultent à coup sûr énervement, frustration, voire de l'abattement. Mais c'est encore pire pour votre Étoile qui, elle, est laissée pour compte. Comble de la frustration, vous laissez tomber un ardent désir en vous faisant vampiriser.

Vous vous ferez voler votre temps et votre énergie tant que vous n'aurez pas court-circuité les agents responsables. Mais pour y arriver, il vous faudra absolument les identifier. Ils n'afficheront pas un message « Au fait, je suis en train de te priver de ton temps et de tes forces ». Bien au contraire, ils se font passer pour des choses courantes du quotidien ou des urgences à régler.

Il peut s'agir par exemple :

- d'un accès de mauvaise humeur ou d'un coup de blues ;
- des petits aléas du quotidien ;
- des psychodrames des autres ;
- de tous ces gens sympas qui ne vont vous déranger qu'une petite minute.

Nous ne pouvons pas empêcher l'arrivée intempestive d'événements qui nous privent de temps et d'énergie. De même, il est inutile de vouloir bannir de notre existence les crises, drames et autres incidents. En revanche, nous devons décrypter la manière dont nous gérons les imprévus, dont nous réagissons lorsqu'ils se produisent. Faut-il vraiment que notre Étoile en pâtisse systématiquement ?

N'oubliez pas de RESPIRER.

Laurence Shorter

VOICI COMMENT LIMITER LES DÉGÂTS AVEC LES VOLEURS DE TEMPS ET D'ÉNERGIE

STOP

Exercice

Dès lors que vous avez démasqué les facteurs qui vous pompent votre temps et votre énergie, vous êtes à même de les endiguer. La difficulté principale consiste à mettre le doigt dessus – beaucoup d'entre eux travaillent secrètement contre vous tout en vous donnant l'illusion qu'ils font partie des choses incontournables de l'existence. Le combat sera déjà à moitié gagné lorsque vous les aurez localisés. L'autre moitié du travail consistera à ne plus les laisser vous vampiriser.

Si vous voulez mettre un terme à ces processus chronophages qui vous épuisent, vous devrez faire preuve d'une bonne dose de volonté et de détermination en appliquant trois principes, lesquels vous protégeront si ces éléments perturbateurs reviennent à la charge.

1 *Connaissez votre ennemi*

Une fois que vous avez mis le doigt sur le coupable, voyez comment jusqu'à présent il a réussi à vous berner. À quoi avez-vous eu jusqu'ici tendance à réagir au quart de tour ? Au sens du devoir, à un accès de culpabilité, à moins qu'il ne s'agisse de dévouement ?

2 *Soyez ferme dans votre décision*

Donnez-vous l'autorisation de dire « non ». Faites clairement savoir à vos interlocuteurs ce dont dorénavant vous ne voulez plus, et basta ! Expliquez-le sans ambiguïté, mais sans en faire des tonnes. Utilisez des mots simples sans verser dans le reproche : contentez-vous de poser vos limites.

3 *Agissez en conséquence*

Évidemment, le pompeur de temps et d'énergie va revenir à l'assaut malgré le discours très clair que vous avez tenu. C'est le moment d'appliquer votre décision : ce ne sont pas vos propos qui comptent, mais votre attitude. Agissez en conséquence et tenez-vous-en aux limites que vous avez imposées, sans jamais faiblir.

LE REDOUTABLE « OUI, MAIS... »

Votre Étoile est accessible sans que vous ayez à vous sentir *débordé*. Tenez-vous-en au strict nécessaire. Lancez-vous en passant à l'action à votre tempo jusqu'à ce que votre objectif soit atteint. C'est généralement à ce moment que surgit le redoutable « Oui, mais », souvent illustré en séminaire par les objections suivantes :

- « Oui, mais ce n'est pas si simple. »
- « Oui, mais vu ma situation, ce n'est pas si facile. »
- « En théorie, c'est bien joli tout ça, mais dans la pratique, ça s'annonce difficile. »

On peut toujours se trouver des excuses pour avoir laissé tomber son Étoile. Peu importent les arguments déployés – bien souvent, ils servent de couverture à la peur et aux accès de culpabilité.

« JE N'OSE PAS »

Pour de nombreux cueilleurs d'Étoile, la peur est l'un des pires obstacles à surmonter. Elle distille le doute et l'inquiétude, nous fait basculer dans la tergiversation et la procrastination et éveille toutes sortes de préoccupations. Lorsque l'on est en proie à l'hésitation et à la procrastination, la plupart du temps cela dénote un manque d'assurance. Nous pouvons nous sentir bloqués face à ce qui est peu familier, voire inconnu. Souvent, nous ne sommes pas vraiment conscients de cette peur ; nous remarquons seulement que nous faisons du sur place. Certes, nous nous disons régulièrement : « Ça urge, il faudrait que… » Pourtant nous restons les bras ballants. Privés de forces à cause d'un mental trop agité, nous ne passons pas à l'action.
De la procrastination à l'autoflagellation, il n'y a qu'un pas dès lors que s'installe le jugement « Chiffe molle, va ! » ou « Espèce de dégonflé ! » Des pensées aussi dévalorisantes, loin de nous aider, aggravent notre cas. Mais alors, comment venir à bout des tergiversations et retrouver tout son allant ?

Même si vous remettez toujours à plus tard le pas suivant pour aller vers votre Étoile, il est important de reconnaître que vous avez peur. Non, vous n'êtes pas paresseux ou indiscipliné. Vous ressentez juste de l'appréhension. Mais il y a moyen de s'en défaire.

SURMONTER SES PEURS, GAGNER DU TERRAIN

Dès lors que vous ne porterez plus de jugement sur vos peurs, vous serez plus serein face à vos appréhensions. La peur n'est pas un mauvais pressentiment en soi, et en aucun cas ce n'est un signe de faiblesse. Vous sentir anxieux est tout à fait normal : en vous attelant à quelque chose de nouveau, vous sortez de votre zone de confort. Vous mettez le pied en terrain inconnu ; cela peut faire peur.

Certes, tout n'est pas toujours rose dans l'enceinte de notre zone de confort ; notre routine quotidienne ne nous met pas à l'abri de conflits et tourments, mais ce n'est rien de nouveau.

Nous savons à quoi nous en tenir, cela nous procure un sentiment de familiarité.

La peur habite les régions au-delà de notre zone de confort, là où apparaît le nouveau. Elle est tel un garde-frontière qui se met au travers de notre chemin pour nous dire : « Attention ! Tu t'apprêtes à quitter un domaine connu. C'est peut-être dangereux. » Un phénomène que chacun de nous a déjà vécu des centaines de fois dans sa vie au travers d'une situation nouvelle qui a priori faisait peur – et que pourtant nous avons fini par maîtriser.

Nous sommes tous capables de surmonter nos peurs haut la main seulement, nous ne savons plus comment faire.

Vous souvenez-vous de votre première leçon de vélo et de cette sensation d'être en équilibre instable ? Vous n'en meniez pas large. Vous avez peut-être même collectionné chutes et écorchures. Mais vous êtes parvenu à maîtriser votre vélo, et c'en était fini de vos appréhensions.

Bien souvent, vous avez oublié la peur que vous éprouviez avant de vous lancer dans une aventure, et ce, aussitôt que vous avez menée cette dernière à bien. C'est dommage, car vous avez aussi oublié que vous avez su très bien la surmonter.

Si vous voulez maîtriser vos peurs, vous devrez accepter de poser le pied en terre inconnue. Car :

Pour en finir avec la peur, il faut accepter de s'y confronter.

Franchissez le pas, sentez votre peur. Vous êtes conscient que votre cœur bat la chamade et que vos mains sont moites. Pourtant, vous allez faire quelque chose que vous n'avez encore jamais fait – et le refaire, si possible à l'envi. Encore et encore, jusqu'à ce que vous vous sentiez plus sûr de vous.

Jusqu'à ce que le nouveau se transforme en quelque chose de connu.
Si, par exemple, vous angoissez à la perspective d'un entretien professionnel, cela vous fera du bien d'en passer autant que possible. Et pourquoi pas en commençant par des sociétés qui ne vous intéressent absolument pas – à titre d'exercice. À moins de prendre un jour ou deux pour participer à un séminaire spécifique pour ce type d'entraînement. À un moment ou à un autre, vous allez remarquer que vous êtes nettement moins nerveux. En vous familiarisant avec quelque chose de nouveau, vous faites refluer votre peur. Certes, à la longue, vous risquerez de vous sentir lassé par la pratique de l'entretien professionnel. Mais au moins cela vous aura-t-il permis de gagner du terrain et de surmonter la peur.

VOICI COMMENT VOUS ALLEZ MAÎTRISER VOTRE PEUR

Soyez conscient de la peur qui est en vous

★ Si vous êtes en proie à l'hésitation ou constamment en train de remettre à plus tard l'avancée vers votre Étoile, cherchez ce qui en l'occurrence vous procure de l'inquiétude. Soyez-en conscient. Qu'essayez-vous d'esquiver ?

Lancez-vous même si vous avez peur

★ Prochaine étape : faites ce que vous avez à faire – en compagnie de votre peur. Soyez vigilant, ne permettez pas à des minifilms d'horreur de s'infiltrer dans votre mental, mettant en scène tout ce qui pourrait vous arriver de pire. La meilleure des attitudes consiste à se dire : voyons ce qui va se produire.

Vous avez le droit de vous exercer

★ En pénétrant pour la première fois en territoire inconnu, considérez que vous êtes en phase d'apprentissage. Vous ne devez pas tout maîtriser immédiatement. Mettez vos attentes en sourdine et accordez-vous le droit de vous tromper, de vivre des ratages et de vous sentir plus que nerveux. La peur ira s'amenuisant au fur et à mesure que vous continuerez à vous lancer dans des actions qui ont l'art de vous angoisser. Grâce à cet entraînement, vous vous sentirez de plus en plus sûr de vous.

ADIOS LA CULPABILITÉ !

Soyons clairs. Vous devez vous attendre à devenir une source de déception éventuelle pour votre entourage parce que vous ne comblerez plus vraiment ses attentes. Chemin faisant vers votre Étoile, certes vous vous épanouirez sur un plan personnel, vous allez prendre de l'envergure et continuer à progresser. Mais ne vous attendez pas à ce que tous vos proches vous applaudissent. En route vers votre Étoile, vous risquez fort de voir votre cote de popularité en prendre un coup. Et c'est en cela précisément que le « Oui, mais » s'avère redoutable : oui, mais cela n'est pas si facile. Partir à la recherche de son Étoile et sortir courageusement des rangs, voilà qui a l'air formidable : *oui, mais* qu'en est-il des personnes avec lesquelles nous vivons ou travaillons ? Le redoutable « Oui, mais », ici, reflète les sentiments de culpabilité. Quiconque veut décrocher son Étoile doit un jour veiller à lui accorder la place qui est la sienne dans son quotidien. Souvent, cela passe par le *non* – non à quelque chose ou aux attentes des autres.

Pour certains d'entre nous, le mot *non* est l'un des plus difficiles à articuler, parce qu'il déclenche un sentiment de culpabilité.

DIRE « NON » AUX AUTRES

Quand je dis « non », je repousse autrui. Je le prive de la joie de savoir sa demande exaucée. J'ai cessé d'être quelqu'un de gentil. Et je suis confronté à un regard déçu, voire fâché. Suis-je en mesure de le supporter ?

La réalisation de nos désirs les plus chers ne fait pas que des heureux.

En affirmant votre *non*, vous obligez votre entourage à sortir de sa zone de confort et de ses schémas familiers. En le faisant notamment renoncer à de vieilles habitudes, attendez-vous à des grincements de dents. Cela a été le cas de Christine.

Christine, qui exerçait dans le domaine social, avait envie de suivre une formation en thérapie corporelle. Pour cette mère de trois enfants, se lancer dans une formation parallèlement à son travail n'augurait rien de simple. Elle a longtemps cherché avant de dénicher la formation professionnelle continue qui lui convenait, tant par son contenu que par son coût. Les cours avaient lieu deux soirs par semaine et un samedi par mois. Le mari de Christine

prenait alors le relais avec les enfants. Mais au début, cet arrangement ne plaisait pas du tout à ceux-ci.
Christine m'a expliqué à quel point il lui avait été difficile de suivre ses cours : « Chaque fois que je m'apprêtais à partir pour y aller, mes trois enfants me suppliaient de rester à la maison. La plus jeune s'accrochait à moi en pleurant comme une fontaine tellement elle était désespérée : "S'il te plaît, ne t'en va pas !" Chaque fois, c'était un vrai coup de poignard dans le cœur. J'avais l'impression d'être une mauvaise mère qui maltraite ses enfants. »
J'ai demandé à Christine comment elle avait réussi à gérer sa mauvaise conscience. Elle m'a répondu : « Heureusement, j'avais le soutien de mon mari. Il me disait d'y aller, que tout se passerait bien. Et quand je revenais plus tard dans la soirée, la maison était tranquille. Les enfants étaient au lit et dormaient. Cela m'a rendue plus sereine. Puis avec le temps, ils ont fini par s'habituer au fait que je n'étais pas là tous les soirs. Je me rends compte que le temps passé en compagnie de leur père leur fait d'ailleurs beaucoup de bien ; il ne les gâte pas autant que moi. »
En cheminant vers son Étoile, Christine a réduit la zone de confort de ses enfants, qui ont réagi en manifestant leur opposition ; se sentant responsable de leur mal-être, elle s'est retrouvée confrontée à des remords. Mais ressentait-elle pour autant de la *culpabilité* ? Est-ce que ses enfants se sentaient vraiment malheureux ? Les gens qui nous entourent savent très bien de quel bois nous sommes faits. Les enfants sont particulièrement doués pour comprendre comment obtenir gain de cause auprès de leurs parents. Leur méthode de chantage consiste en reproches du genre « Regarde ce que tu m'as fait. C'est ta faute si je me sens si mal ». Les tentatives de chantage ne sont pas l'apanage des enfants, les adultes ont eux aussi recours à la manipulation pour parvenir à leurs fins. Si vous-même avez tendance à avoir mauvaise conscience, soyez prompt à détecter toute tentative de manipulation – c'est important.

DONNEZ-VOUS L'AUTORISATION DE VOUS SENTIR IMPORTANT

Vous allez être en proie à la culpabilité si vous êtes fermement convaincu de ceci : je suis responsable du bonheur et du bien-être des autres. En quoi cela est-il vrai ? Est-ce bien vous qui devez assurer le bonheur des autres ?

Est-ce à vous de faire en sorte que tout votre entourage soit satisfait?

Avant d'être capables de dire « non », beaucoup de personnes doivent d'abord s'octroyer intérieurement la permission d'être égoïstes, de suivre leurs propres envies. C'est une chose que, pour la plupart, nous n'avons pas appris à faire – bien au contraire, on nous a toujours seriné que ce sont les autres qui comptent avant tout. Et que les souhaits et besoins d'autrui sont prioritaires.
Voici de quoi libérer toute personne qui, non contente de faire continuellement preuve de retenue, fait systématiquement passer les autres avant elle :

« J'ai parfaitement le droit de m'occuper de moi. »

Quand j'aborde le thème de la culpabilité en séminaire, j'invite les participants à consulter une liste spéciale « autorisations ». À chacun d'entre eux de choisir celle dont ils ont besoin d'urgence. Et vous, de laquelle auriez-vous besoin ?

- Je m'autorise à prendre au sérieux mes désirs et mes besoins et de les réaliser.
- Je m'autorise à poser des limites aux autres et à dire « non ».
- Je m'autorise à cesser d'être disponible pour certaines tâches et à certaines heures.
- Je m'autorise à faire preuve d'égoïsme et je veille à me faire du bien.
- Je m'autorise à dire aux autres « Cela m'est égal », « Fais-le toi-même » et « Ce n'est pas à moi de prendre cela en charge ».
- Je m'autorise à ne pas voler systématiquement au secours des autres quand quelque chose va de travers.
- Je m'autorise à ne pas céder face au ressentiment et aux protestations des autres et à être imperméable aux ambiances pesantes.
- Je m'autorise à avoir des accès de mauvaise conscience et à faire quand même ce que j'estime être juste.

En vous donnant carte blanche, vous marquez votre territoire. C'est votre domaine, ici, c'est vous qui faites la loi. Vous vous le permettez. Cela ne signifie pas pour autant que les autres, dans leur grande mansuétude, vous accordent des droits. Vous êtes adulte, c'est votre liberté que vous faites valoir.

VOICI COMMENT VOUS ALLEZ MAÎTRISER VOTRE MAUVAISE CONSCIENCE

Soyez-en conscient : si, alors que vous êtes occupé avec votre Étoile, vous vous sentez gagné par un accès de mauvaise conscience, reportez-vous aux engagements et aux devoirs auxquels jusqu'à présent vous avez cru. Que vous prescrit votre conscience ? Quel état d'esprit *devrait* être le vôtre, que vous *faudrait-il mettre en place* ?

Fixez des limites : que ce soit au sein de votre famille, de votre travail, de votre cercle d'amis, voire de vos voisins, vous vous êtes mis des obligations sur le dos – bien souvent sans qu'il en ait jamais été fait mention. Cela rentre dans vos attributions, vous vous sentez responsable. Mais si les autres ont trop d'attentes vis-à-vis de vous, prenez-en conscience ; à vous de comprendre sur quoi mettre dorénavant votre veto.

Définissez de nouveaux accords : ouvrez le dialogue pour déterminer ce que l'on peut attendre de vous et ce qui est désormais exclu. C'est grâce au dialogue que vous allez pouvoir poser de nouvelles règles et accords. Tout va bien, même si vos interlocuteurs n'ont pas l'air particulièrement enchantés par ces réajustements.

Tenez bon en cas de remords : il se peut qu'au début votre mauvaise conscience se manifeste, bien que vous soyez persuadé du bien-fondé de vos agissements. Ces pensées culpabilisantes sont engendrées par de vieilles convictions enracinées dans votre mental. Les autorisations que vous venez de vous accorder ont besoin d'un peu de temps pour gagner en force, et vous êtes encore rattrapé par une vieille culpabilité quand vous faites ce que vous estimez juste de devoir faire.

Des limites clairement définies conjuguées à votre *non* reviennent toujours à dire « oui » à vous-même. Un *oui* à votre Étoile – et aux souhaits qui vous tiennent à cœur.

À partir du moment où vous commencez simplement à agir pour votre propre bien, vous ne privez personne de quoi que ce soit. Bien au contraire, vous rendez un grand service à votre entourage. Vous montrez aux autres comment se respecter soi-même, comment prendre au sérieux ses propres besoins et désirs, et par là même, comment se réaliser. Vous communiquez un message important à vos enfants, votre conjoint, vos parents. Sans oublier toutes les personnes que vous êtes amené à fréquenter.

MÊME PAS PEUR DE L'ÉCHEC !

Est-ce que ça va marcher ? Vais-je atteindre mon Étoile ? Telles sont les pensées qui traversent l'esprit de tous ceux qui veulent réaliser leurs rêves. Il s'agit de ces légers doutes qui, lorsqu'ils s'immiscent, peuvent s'avérer déstabilisants. Et quand ils se mettent à enfler et deviennent démesurés, ils sont source de peur – la peur de l'échec. L'un des plus grands défis auxquels nous sommes confrontés en tant que cueilleurs d'Étoile consiste à vaincre la peur de l'échec.

Certes, vous serez gratifié de paroles d'encouragement telles que « Mais si, continue à croire en toi, tu vas y arriver ! » mais ne vous leurrez pas. La réussite est telle une pièce de monnaie dont le côté face désigne l'absence de réussite. Ne nous voilons pas la face, il est possible que vous ne réussissiez pas à atteindre votre Étoile. J'aimerais cependant vous expliquer comment venir à bout de cette peur – sans doute la pire – sur le chemin vers votre Étoile.

LES PENSÉES QUI FONT PEUR

Chez certaines personnes, la peur de l'échec se manifeste d'entrée de jeu. À peine ont-elles exprimé ce qu'elles souhaitent de tout cœur qu'elles sont traversées par une pensée : « Que se passera-t-il si je n'y arrive pas ? » Les pensées de ce type font peur. Et quand la peur de l'échec prend le pas, nos aspirations profondes ont tôt fait de sombrer dans l'abîme avant de disparaître.

J'ai souvent constaté que beaucoup de gens que l'on a tendance à croire démotivés souffrent en fait terriblement de la peur d'échouer. Ils n'osent pas se lancer dans quelque chose de nouveau parce qu'ils craignent d'affronter un échec. Or, ce n'est pas davantage de motivation qui va résoudre leur problème.

Il faut trouver les moyens d'en finir avec la peur, qui n'est autre que la peur de l'échec.

La crainte de l'échec peut aussi se manifester lorsque l'on s'apprête à franchir un cap décisif pour l'accomplissement de son rêve. Par exemple, quand il s'agit d'investir de l'argent, de louer un local professionnel ou de dévoiler la nature de son Étoile à la face du monde.

C'est juste avant ces étapes cruciales que certains cueilleurs d'Étoile sont pris d'angoisse à la perspective de ce

qu'ils sont en train de mettre en place. Même si jusqu'à présent ils ont bien progressé, ils commencent à vaciller. Et si les choses allaient subitement de travers ? Cette question inquiétante bloque notre force d'action, elle constitue un frein à nos projets. D'après mon expérience, s'il existe bon nombre de méthodes qui ne mènent à rien, il y en a une qui s'avère efficace pour en finir avec la peur de se prendre le mur. Les méthodes qui ne fonctionnent pas consistent à se fier à des propos optimistes comme : « Ne t'en fais pas, tu vas y arriver ! » Mots gentils et paroles d'encouragement ne permettent pas de museler la peur. Bien au contraire – on a l'impression de ne pas être pris au sérieux. Il ne sert à rien non plus de refouler la peur de l'échec quand on nous dit : « Arrange-toi pour ne pas penser que tu pourrais échouer. Concentre-toi sur l'idée de la réussite ! » Cela demande beaucoup d'efforts pour remiser en arrière-plan les peurs liées à l'échec. Et même si vous y arrivez, vous serez confronté à un nouveau problème : vous ne pourrez pas réprimer votre peur 24 heures sur 24.

REGARDER SA PEUR DANS LES YEUX

La meilleure méthode pour en finir avec la peur de l'échec, c'est de la disloquer, de façon à mettre consciencieusement en pièces les visions d'horreur associées à l'échec. Vous déposez tout ce qui vous semble menaçant sur une table de dissection pour procéder à un examen. Commencez par vous demander : de quoi ai-je peur exactement ?

La peur vous inocule l'idée que, si vous échouez, ce sera la cata ; que vous paierez le prix fort jusqu'à la fin des temps. Mais si vous examinez ces visions de fin du monde à la loupe, vous constaterez à quel point tout cela est exagéré. Un peu comme un ballon gonflé qui paraît volumineux mais qui ne contient que de l'air. Si vous imaginez le pire des échecs et que vous décidez de lui faire la peau, il n'en restera rien d'autre, tel un ballon dégonflé, qu'une enveloppe flasque et informe dont vous vous débarrasserez haut la main.

SE DÉFAIRE DE LA PEUR DE L'ÉCHEC

Trucs et astuces

Avez-vous peur de ne pas être à la hauteur ou d'aller droit vers l'échec ? Si tel est votre cas, passez en revue les questions suivantes, auxquelles vous répondrez de manière exhaustive. S'il existe plusieurs cas de figure dans lesquels vous craignez d'être en échec, recommencez pour chacun d'entre eux.

1. Pensez à la situation qui, selon vous, doit impérativement être couronnée de succès. Que se passerait-il en cas de déconfiture ? En quoi selon vous s'agirait-il d'un échec ?

2. Examinez le fiasco sous toutes ses coutures. En quoi consisterait-il exactement ? (Consignez vos observations par écrit.)

3. Maintenant, passez tranquillement en revue les probabilités d'échec. Est-il probable que votre projet aille de travers ? Moyennement probable ? Ou plutôt improbable ?

4. Y aurait-il certaines précautions à prendre pour que le pire ne se produise pas ? Réfléchissez aux moyens d'éviter ou d'atténuer ce qui vous mettrait en échec.

5. Admettons que vous êtes bel et bien confronté à cet échec. Développez un plan B. Que pourriez-vous entreprendre de concret *après* le constat d'échec ?

6. Vous a-t-on tenu des propos que vous ne voulez absolument pas entendre en cas d'échec ? Il peut s'agir de remarques comme « Vos compétences laissent franchement à désirer » ou « Quoi, tu t'es encore planté ! ». Quels sont les propos qui vous insupportent ?

7. Imaginez que quelqu'un vous fasse l'une de ces remarques qui ont le don de vous angoisser. Comment lui clouer le bec ? En prenant un air désinvolte ou en manifestant de l'humour ? En ripostant froidement ? Préparez dès maintenant quelques réponses à sortir de votre chapeau.

8 Imaginez que vous êtes en pleine déconfiture. Bien sûr, vous avez besoin de temps pour admettre la chose, de faire le deuil. Une fois que vous aurez digéré votre échec, qu'est-ce que cela changerait exactement dans votre quotidien ? Quelles répercussions un échec pourrait-il avoir sur votre existence à long terme ?

9 Imaginez-vous cette fois que, malgré un ratage, vous avez décidé de réaliser quand même votre rêve. Certes, vous en avez pris plein la figure, mais vous êtes debout. Après cette déconvenue, que pourriez-vous entreprendre de précis pour le réaliser quand même ?

Ces questions agissent telle une serviette fraîche sur un front brûlant de fièvre : elles vous permettent d'éponger les délires occasionnés par la peur.

Il n'est pas nécessaire de démonter vos peurs dans leur intégralité. Il est d'ailleurs fort possible que, même après avoir répondu à toutes les questions, vous ressentiez encore des appréhensions. N'y voyez pas le signe que vous avez répondu de travers ; sachez que tout va bien, autant pour vous que pour votre Étoile. Gardez ceci en tête : la peur est une sensation qui surgit quand vous osez vous lancer dans quelque chose de nouveau et que, ce faisant, vous sortez de votre zone de confort.

Vous pouvez vous lancer même si vous ressentez de l'appréhension. À cette occasion, de nombreux cueilleurs d'Étoile font une découverte étonnante : ils constatent que, souvent, la réalité n'est pas si grave que ce que la peur leur donnait à entrevoir.

Certes, il est possible que vous preniez certains risques. Si la situation dégénère, vous pourriez accuser des pertes – financières, par exemple. Dans un tel cas, il importe que vous fassiez vos comptes avec précision. Comment pourriez-vous retrouver un équilibre financier après une grosse perte ? Avoir un plan B ou C sous la main, voilà qui a le pouvoir de nous tranquilliser. Ne pas être sujet à la peur ne signifie pas que l'on peut tout oser en dépit du bon sens. Il est nettement plus raisonnable de tenir compte de la réalité et de prévoir des rambardes de sécurité.

SAVOIR GÉRER OBSTACLES ET PEURS

1

Dites « oui » à vous-même et à votre intention inébranlable

En étant déterminé à décrocher votre Étoile, vous vous rendez imperméable à l'énervement, aux défis du quotidien et aux tentatives de manipulation d'autrui. Dites « oui » à vous-même et à votre Étoile. Et permettez-vous de dire « non » à ce qui ne vous convient pas.

2

Il est tout à fait normal d'avoir des angoisses

Quand vous vous mettez en quête de votre Étoile, vous quittez votre zone de confort. Vous faites des choses que vous n'avez jamais faites auparavant et vous vous retrouvez dans des situations inédites. En résultent hésitations, procrastination et accès de peur – ne vous jugez pas pour autant. Prenez votre peur par la main et lancez-vous.

3

Estimez les risques financiers au plus justes

Même si vous démontez vos peurs, continuez à porter un regard sain sur les risques et dangers encourus. Faire l'autruche n'est pas une solution raisonnable. Parfois, certains risques et pertes envisageables ne peuvent être complètement évités. Cela dit, vous pouvez prendre les mesures adéquates pour ne pas couler. Mettez en place un plan B adapté.

4

Permettez-vous d'y aller à petits pas

Si vous vous apprêtez à accomplir des tâches dont vous n'avez pas l'habitude ou qui vous semblent difficiles, allez-y à tout petits pas. Vous vous sentirez plus confiant en vous attelant à quelque chose de tout nouveau. Contentez-vous, chaque jour, de mettre en place une action gérable et modeste, comme dénicher un numéro de téléphone ou envoyer une requête par mail. En adoptant une politique des petits pas, vous allez pouvoir conquérir de nouveaux territoires, lentement mais sûrement.

5

Laissez-vous porter par votre Étoile

Vous avez à votre disposition quelque chose qui vous permet de dominer la peur. C'est l'appel vibrant de votre Étoile.
Si, à la perspective d'un entretien ou d'un rendez-vous, vous avez une montée d'angoisse, contactez votre Étoile. Immergez-vous dans le rêve qui vous fait vibrer quand vous n'en menez pas large.
C'est à cette occasion que vous allez remarquer combien vous pouvez faire confiance à la vie.

6

Accordez-vous, entre deux étapes, des petits plaisirs pour vous récompenser

Vous êtes en train de prendre de l'envergure, chapeau bas !
Vous vous êtes attelé à un objectif qui mérite une récompense. Chaque fois que vous agissez en faveur de votre Étoile alors que vous étiez en proie au vacillement, fêtez cela par quelque chose de positif.
Une manière de célébrer votre réussite et de la savourer. Congratulez-vous et faites-vous plaisir.

Chapitre 4

Allez-y, lancez-vous ! Le secret de la réussite

Dans ce chapitre, vous apprendrez :

- pourquoi l'allégresse est essentielle lors de la cueillette de votre Étoile et pourquoi les détours du chemin ne sont pas rédhibitoires ;

- comment procéder pour que les autres aussi soient conquis par votre rêve ;

- comment prendre la main en cas de cueillette collective.

AVEC ENTRAIN ET LÉGÈRETÉ

Le monde est un formidable terrain de jeu, laissez-vous enivrer par son parfum d'aventure ! Il met à votre disposition l'un des jeux les plus grandioses et passionnants qui soient : profiter de l'existence pour cueillir une Étoile. Pour faire partie du jeu, vous devez juste vous munir d'un vœu cher à votre cœur ; c'est votre ticket d'entrée. En prime, vous aurez droit à une bonne dose d'amusement sur votre parcours.

L'allégresse est votre meilleure alliée pour avancer dans une belle fluidité.

Mes pérégrinations au pays des cueilleurs d'Étoile m'ont révélé ceci : pour attraper une Étoile XXL, nul besoin de se sacrifier ou de s'arracher les cheveux. Les coutumiers du jeu ont cette faculté de vivre leur quotidien dans la légèreté. Certes, ils sont occupés, mais pas débordés. Ils s'investissent dans leur Étoile sans se tuer à la tâche. Si bien qu'ils réussissent, au fil des mois, voire des ans, à cheminer vers elle sans manifester le moindre signe de lassitude.

Loin d'être une charge supplémentaire, une Étoile est comme une histoire d'amour sans fin que l'on a dans la peau. C'est pour cela précisément que la première étape de la méthode *Allons cueillir une Étoile* est si importante : fiez-vous au désir vibrant émis par votre cœur, transformez-le en une vision qui vous fait tomber en amour. C'est grâce à ce coup de foudre que le cheminement vers votre Étoile sera nimbé de légèreté et de joie. Certes, parfois vous allez transpirer à grosses gouttes ; mais certaines Étoiles ont besoin de vous sur tous les plans – cœur, cerveau et muscles.

Après tout, une histoire d'amour torride ne saurait se passer de sueur et de gémissements !

VOICI DE QUOI VOUS FACILITER LA CUEILLETTE DE VOTRE ÉTOILE

Nourrissez votre Étoile à toute heure

★ Voici une erreur de débutant : d'abord, on s'occupe des tâches quotidiennes. Prendre son petit déjeuner, partir au travail, faire les courses en revenant, mettre un peu d'ordre dans la maison et enfin, si l'on a encore un peu de temps, s'occuper de son Étoile. Les pros procèdent autrement. Ils nourrissent leur Étoile à toute heure. Essayez de multiplier les pensées envers votre Étoile. Revisitez le déroulement de votre quotidien pour dénicher chaque opportunité de vous occuper d'elle. Portez constamment sur vous un carnet et un crayon pour y consigner vos idées et tout ce qui vous paraît pertinent.

Action !

★ Chaque jour, déterminez la prochaine tâche à effectuer pour vous rapprocher de votre Étoile. Ne perdez pas trop de temps à planifier d'avance des détails ou des choses qui vous tracassent. Si vous savez ce que vous avez à faire, eh bien faites-le, tout simplement. Mettez-vous en mode « action ».

Mettez-y de l'amour

★ Soyez conscient de ce que vous éprouvez quand vous vous occupez de votre Étoile. Vous n'êtes pas un forçat condamné à purger sa peine, le visage crispé et les épaules martyrisées. Soyez tout sourire, libérez le plaisantin en vous si ça vous chante. Chaque jour, trouvez un moment pour donner libre cours à votre exubérance, poussez la chansonnette ou fredonnez un petit air ; lancez-vous dans une séance de pogo ou faites des entrechats. C'est un moyen souverain de vous faciliter l'accès à votre Étoile.

Accueillez à bras ouverts ce qui vous est offert

★ Quelle que soit l'Étoile que vous chérissez, elle viendra à votre rencontre à mi-chemin. En effet, nombreuses sont les Étoiles à favoriser un phénomène que nous appelons le « hasard ». Préparez-vous à ce que la vie vous fasse des cadeaux. À vous d'en prendre conscience à temps et, surtout, de les accepter. Gardez les yeux et les oreilles grands ouverts, ouvrez les bras… et recevez !

STRESS, QUAND TU NOUS TIENS – UNE PAUSE S'IMPOSE

Il vous sera facile d'appliquer la méthode *Allons cueillir une Étoile* telle qu'elle est décrite dans ce manuel tout au long de votre existence. À condition cependant que vous soyez sûr d'agir pour votre propre bien – et que vous ne fassiez pas banqueroute au nom d'une Étoile. Aucune Étoile ne vaut la peine d'être cueillie si elle est source d'épuisement ou de ruine. Votre propre bien-être est essentiel pour créer ce que vous voulez tout au long de votre vie.
Cela dit, vous pourrez quand même être amené à faire de gros efforts, voire à mettre les bouchées doubles. Être confronté à des moments de tension n'a rien de grave en soi. J'en traverse

régulièrement juste avant le bouclage d'un livre. Et le plus souvent, je consacre beaucoup plus de temps que prévu à peaufiner mon texte, si bien que la date à laquelle je dois rendre mon manuscrit à l'éditeur semble se rapprocher à la vitesse grand V. À force, j'enchaîne les heures de travail, ce qui implique des nuits plus courtes, des soirées sans télé et une gestion drastique de mes rendez-vous. Je révise mon manuscrit jusqu'à ce que je sois satisfaite avant son envoi. Ensuite, ouf ! Quand tout est réglé, je prends enfin le temps de me restaurer correctement, de dormir suffisamment et de me mettre en mode « farniente ».
Nous sommes parfaitement capables d'encaisser ces périodes de tension. Nous sommes même en mesure de mobiliser une énergie très particulière qui nous permet de mener à bien tout ce que nous faisons. Nous disposons d'un corps et d'une âme bien équipés pour affronter les situations de stress et autres défis à relever. Mais si et seulement si nous nous ménageons des plages de repos.

En veillant à alterner moments de tension et de détente, nous assurons notre équilibre.

Si votre Étoile vous amène son lot de démarches inédites et d'avancées dans l'inconnu, veillez à vous changer régulièrement les idées. Un peu de farniente vous permettra d'accorder une pause digestive à votre âme. Quand vous êtes sur un mode « détente », votre cerveau en profite pour traiter et assimiler les nouvelles impressions et autres expériences que vous venez de faire.

UN SURPRENANT SACHET SURPRISE

J'ai remarqué que, souvent, le chemin de bien des cueilleurs d'Étoile est loin d'être rectiligne. Avancer petit à petit vers elle ne signifie pas que toutes nos foulées sont identiques, ni que l'on pose systématiquement un pied devant l'autre. Vous pourrez vous retrouver sur un parcours en zigzag. C'est ce qui se produit lorsque, parfois, on recule de deux pas en arrière avant de faire une pause et de prendre une toute nouvelle direction.
Il est important d'en faire l'expérience ; elle est déconcertante pour certains débutants, persuadés que tout doit se dérouler avec la même régularité. Ils finissent par constater que leur chemin consiste en bifurcations, tours et détours.
Rajoutons-en une louche : le chemin vers son Étoile n'est pas seulement parfois biscornu, il est aussi pavé de périodes où l'énergie vient à refluer.

Laquelle ne nous approvisionne pas en un courant régulier mais à la manière d'une marée, selon qu'elle est haute ou basse. Si l'on surfe sur la vague, tout se passe comme sur des roulettes. Suit une période de creux : la mer est d'huile, l'horizon reste désespérément vide. Rassurez-vous, à chaque marée basse succède une marée haute. Et cette période de creux est souvent signe, quand on avance vers son Étoile, que les choses se mettent en place à notre insu. Nous avons besoin de la marée descendante pour pouvoir nous préparer à la marée haute qui s'annonce.

PLANIFIEZ EN SOUPLESSE !

Il serait franchement avisé de vous défaire de la croyance « Voilà comment ça doit se dérouler ». Tout ne va pas se passer de la manière dont vous l'imaginez. À vous d'accepter le déroulement des choses tel qu'il se présente. Non pas forcément en un courant continu, mais par à-coups. Non pas en ligne droite, mais en un tracé sinueux. Cela ne vous empêche pas pour autant d'établir un planning spécial « Étoile ». Fixez-vous des objectifs à court terme tout en restant ouvert aux surprises. Autrement dit, planifiez en souplesse. D'un côté vous saurez que faire dans l'immédiat, d'un autre, vous serez à même d'affronter les imprévus.

Si vos objectifs ne se réalisent pas, ce n'est pas forcément mauvais signe. Peut-être y a-t-il un meilleur moyen d'y parvenir, mais vous ne l'avez pas encore découvert. À moins d'avoir négligé un point essentiel sans lequel vous ne pouvez faire avancer votre projet. La plupart des blocages sont autant de messages qu'il est important de capter, du genre : « Persévère, mais procède autrement. Essaie avec quelque chose de nouveau. Et évite de te prendre le mur, arrange-toi plutôt pour passer par la porte, là, qui est grande ouverte. » Voilà comment vous allez pouvoir gérer les surprises – quelles qu'elles soient – tant que votre boussole intérieure vous indiquera la direction vers votre Étoile.

DONNEZ LA PAROLE À VOTRE ÉTOILE

À un moment ou à un autre, vous aurez envie de révéler à votre entourage la présence indéniable d'une Étoile dans votre vie. La plupart du temps, il s'agira de gagner les autres à votre cause en leur faisant part de vos projets, voire de les inviter à se joindre à vous. Pour convaincre autrui du bien-fondé d'un projet, encore faut-il en être convaincu soi-même. Mais cela est désormais un jeu d'enfant pour vous, cueilleur d'Étoile : vous êtes tellement entiché d'elle que vous n'avez aucun mal à susciter l'enthousiasme des autres. Bien plus efficace que toute figure rhétorique, il suffit de l'évoquer pour que votre Étoile vous illumine. Vous savez ce que vous voulez atteindre, vous êtes en amour avec votre projet. C'est ce qui vous nimbe de force, c'est ce qui vous fait rayonner.

TRAC ET MAINS MOITES AVANT DE PRENDRE LA PAROLE

« C'est bien beau tout ça, mais quand il s'agit d'en parler, ça me rend nerveux – comment faire pour venir à bout du trac ? » Cette question revient très souvent. Peu importe leur enthousiasme, les personnes enclines à la nervosité et au trac sont confrontées au pire des obstacles face à un auditoire. Et pourtant : les cueilleurs d'Étoile disposent d'un sérieux atout en la matière. D'expérience, je sais que lorsque les gens se mettent à parler de leur Étoile, leur faculté à s'exprimer sans retenue s'en trouve automatiquement libérée.

Pour expliquer à quel point cela facilite la prise de parole, voici l'exemple d'un jeune homme qui participait à l'un de mes séminaires dédié à la gestion du trac. Très timide de nature, il voulait apprendre à chasser la nervosité pour pouvoir s'exprimer en public. À la pause déjeuner, tous les participants étaient réunis autour d'une grande table. Ils étaient en train de converser par groupes de deux ou trois. Ce jeune homme timide, lui, entretenait son voisin de table des travaux de restauration qu'il avait entrepris lui-même dans sa maison. Avec sa chérie, il venait d'acheter un vieux corps de ferme. Tous deux voulaient lui restituer autant que possible son cachet d'origine. Ce faisant, il adressait une vibrante déclaration d'amour à son Étoile. Car au fur et à mesure qu'il décrivait les travaux, sa voix devenait plus forte et portait davantage, si bien qu'il n'attirait pas seulement l'attention

« *Toute l'humanité aime un amant.* »

Ralph Waldo Emerson

de son voisin direct ; de plus en plus de participants dressaient l'oreille. En quelques minutes, c'est tout le groupe qui était suspendu à ses lèvres.

J'étais, moi aussi, captivée par l'aventure qu'il vivait, jusqu'à ce que je me rende compte que, comparé à ses interventions en séminaire, cet homme s'exprimait d'une manière foncièrement différente. Avant le repas, il avait l'air inhibé, il parlait beaucoup trop bas en avalant ses mots. Jusqu'à ce que la métamorphose ait lieu. Certes, il s'adressait exactement au même public, mais il parlait d'une voix forte, que chacun pouvait entendre. Il regardait ses interlocuteurs dans les yeux tout en tenant un discours parfaitement convaincant.

Sans s'en rendre compte, il parlait librement – sans avoir préparé quoi que ce soit, sans notes sous les yeux. Et il avait réponse à tout, même s'il était bombardé de questions. Pas une seule fois il n'a perdu le fil de ses pensées. Comment un tel miracle rhétorique peut-il se produire ? Tout simplement : parce qu'il parlait de son Étoile.

Si vous aussi vous vous sentez nerveux juste avant un entretien important, c'est tout à fait normal, ce n'est pas un gros problème en soi. Certes, ce n'est pas agréable d'éprouver de l'anxiété, mais cette sensation va s'estomper, car vous trouverez les mots grâce à l'enthousiasme que vous donne votre projet. Plus vous affronterez ce qui a tendance à vous rendre nerveux, plus vous serez maître de vous.

VOUS POUVEZ TOMBER SUR UN OS

Si vous avez affaire à des gens qui approuvent votre Étoile et vous comprennent, c'est formidable. Mais vous pouvez aussi tomber sur un os, si votre Étoile est l'objet de désapprobation ou de critiques. Ce n'est pas grave ; chacun a le droit de penser ce qu'il veut. L'opinion des autres ne doit pas représenter un sujet d'intérêt pour vous. Vous pouvez choisir d'ignorer leurs commentaires. En tant que cueilleur d'Étoile, vous n'avez besoin ni de leur bénédiction ni de leur autorisation pour réaliser le rêve cher à votre cœur. En revanche, si vous tenez à ce que les autres manifestent compréhension et approbation, attendez-vous à des difficultés. Pour apprendre à vous protéger du rejet et de la critique, rendez-vous pages 88 et 89.

La VIE est trop courte
pour ne pas
VIVRE SES RÊVES.

Auteur inconnu

SAVOIR GÉRER OBSTACLES ET APPRÉHENSIONS

1

Mettez, dans un premier temps, votre Étoile à l'abri des regards

Ne dévoilez pas votre vision immédiatement, surtout si elle vient de se révéler à vous. Si vous tenez à en parler, choisissez soigneusement vos interlocuteurs. Ne tentez surtout pas de convaincre les ronchons de service et les éternels pessimistes. Tout le monde n'a pas besoin d'être mis au courant de ce que vous vous voyez accomplir avec votre Étoile.

2

Laissez donc les autres avoir leur propre opinion

Certes, vous avez déniché votre Étoile ; mais sachez admettre que cela ne rendra pas toutes les personnes de votre entourage délirantes d'enthousiasme. Personne n'est dans l'obligation d'approuver ce que vous faites ou de vous soutenir. Ce qui ne vous empêche pas bien sûr de conserver une excellente relation avec ceux qui ne trouvent aucun intérêt à votre Étoile. On peut avoir des opinions divergentes sans pour autant se prendre le bec.

3

Soyez indifférent à la désapprobation

Quoi que l'on vous dise au sujet de votre Étoile, vous n'êtes pas obligé d'en tenir compte. Face aux propos désobligeants ou railleurs, vous pouvez très bien répondre d'un air détaché : « Bah, c'est *ta* vision des choses » ou « Après tout, c'est *ton* opinion, pas la mienne ». Et c'est tout, fin du discours. Vous n'avez pas à polémiquer ou à vous justifier. Ne vous confrontez qu'à des gens dont l'opinion peut, selon vous, s'avérer pertinente.

4

Mettez-vous à la place de votre interlocuteur

Vous pourrez persuader votre interlocuteur plus facilement si vous vous mettez à sa place. Que voudra-t-il savoir de votre projet ? Avant tout entretien, réfléchissez aux questions que votre interlocuteur pourrait être amené à vous demander. Préparez aussi vos réponses.

5

Soyez con-vain-cant !

Quoi de plus naturel, quand on y trouve son avantage ou une quelconque utilité, de manifester son approbation ? Bien argumenter, c'est faire en sorte que votre interlocuteur y trouve son propre intérêt. Réfléchissez au bénéfice qu'aurait votre interlocuteur de vous accorder ce que vous attendez de lui.

6

Trouvez des personnes sur la même longueur d'onde

Souvent fermés à ce qui nous échappe, nous sommes plus enclins à accepter et à comprendre ce qui est en phase avec nous. À quel point votre entourage est-il susceptible de trouver votre projet bien étrange ? Vous ne recevrez pas des applaudissements nourris à toute heure et en toutes circonstances, par contre vous allez forcément rencontrer des gens qui pourront vous apporter de l'aide parce que vous aurez en commun les mêmes intentions et intérêts.

C'EST À VOUS DE TENIR LES RÊNES

Vous êtes le seul à pouvoir transformer votre rêve en réalité. Vous avez toute autorité. À vous de tenir les rênes. Permettez-moi de vous le dire sans détour :

Seul le sésame « Voilà ce que je veux » vous permettra d'accéder à votre Étoile.

Dès le moment où vous êtes bien décidé à décrocher votre Étoile du ciel, vous démarrez une carrière de manager. La première personne à manager, c'est vous-même. Vous faites en sorte que votre Étoile trouve sa juste place dans votre quotidien tout en avançant vers elle petit à petit. Mais votre fonction de manager n'est pas limitée à votre Étoile, elle peut s'étendre à d'autres gens.
Certaines Étoiles restent inaccessibles si vous êtes tout seul à bord. Elles atteignent des dimensions telles que vous aurez besoin de vous faire des alliés – qu'il s'agisse de votre partenaire ou de plusieurs personnes, voire de vos propres collaborateurs.
Si vous êtes amené à coopérer avec d'autres personnes, vous devrez vous imposer en tant que défenseur de votre Étoile. Veillez à ce qu'elle reste intacte, à ce que les autres ne puissent pas la dénaturer, la modeler différemment ou la réduire. Vous devrez protéger et assurer la sécurité de votre Étoile. Et vous ferez en sorte de la décrocher. C'est ça, votre job de manager.
Une fonction a priori déroutante quand on est un cueilleur d'Étoile en herbe : nous sommes, pour la plupart, habitués à jouer un rôle de subalterne, or, cela fait tout drôle de se retrouver dans la peau du chef ; votre Étoile vous catapulte dans une autre dimension, elle vous fait :

SORTIR DES RANGS POUR DEVENIR UN DIRIGEANT.

VOUS AVEZ LE CHOIX ENTRE TROIS VARIANTES POUR COLLABORER

Votre rôle de chef exige que vous, et vous seul, décidiez comment réaliser votre rêve si vous faites équipe avec d'autres personnes.

Il y a trois façons d'organiser la cueillette de votre Étoile.

1 *Seul, mais avec du soutien*

Certes, vous partez à la cueillette de votre Étoile en solo, mais vous faites appel à vos amis et connaissances pour vous donner un coup de main. Idem si vous avez besoin des services d'un professionnel pour certaines démarches, par exemple des cours de piano ou l'expertise d'un conseiller financier. Bien sûr, vous n'avez pas vos propres collaborateurs, mais vous vous arrangez pour que tout ce que font les autres en faveur de votre Étoile soit exactement ce dont vous avez besoin, et que cela se passe bien.

2 *De deux personnes à un groupe, sur un pied d'égalité*

Vous dénichez les personnes qui rêvent exactement de la même chose que vous. Vous allez donc décrocher cette Étoile ensemble. Par exemple, vous décidez d'ouvrir un cabinet de naturopathie avec un autre thérapeute, à moins que vous écriviez un livre à quatre mains avec un auteur comme vous. Il peut s'agir d'un groupe de gens désireux d'acheter une villa en commun pour en faire, plus tard, un lieu de vie pour tous les membres en prévision de leurs vieux jours. Auquel cas il n'y a pas de chef, et la direction du projet est assumée soit par les deux partenaires, soit par l'ensemble du groupe.

3 *Vous endossez très clairement le rôle du chef*

Vous trouvez les personnes idoines qui veulent décrocher une Étoile ensemble, cependant, le chef, c'est vous. Vous avez une équipe de collaborateurs. Ainsi s'établit une hiérarchie claire et nette, et chacun sait qui est le chef ici.

S'APPROPRIER LE PROCESSUS AVANT TOUTE COLLABORATION

Nombreux sont les cueilleurs d'Étoile à se lancer en faisant cavalier seul. Mais s'ils sont en quête d'une Étoile imposante par sa taille, ils auront besoin, à un moment ou à un autre, de personnes avec lesquelles travailler en étroite collaboration. Dans ce livre, les nombreux exemples et astuces illustrent l'art de cueillir son Étoile en solo, avec un coup de main. Une manière de démarrer somme toute classique. Je recommande vivement de procéder ainsi à tout cueilleur d'Étoile encore novice.

Il est très important d'être à l'aise avec chacune des trois étapes pour les appliquer avec brio dans votre quotidien. Une fois que vous vous serez complètement approprié le processus *Allons cueillir une Étoile*, vous serez parfaitement à même de convaincre d'autres personnes de son bien-fondé.

ALLONS CUEILLIR UNE ÉTOILE PRATIQUÉ EN COLLECTIF

Trucs et astuces

En vous alliant avec une autre personne ou avec un groupe pour décrocher une Étoile, vous faites front commun. Eh oui, l'union fait la force. Cela ne requiert pas obligatoirement la présence d'un chef. Que le projet rassemble deux personnes ou un groupe, les participants peuvent aussi se révéler parfaitement organisés et autonomes. À condition, bien sûr, que chacun sache faire preuve de responsabilité et d'engagement dans une vision commune du projet. Même en l'absence de chef, les trois étapes du processus sont toujours valables. Ce qui importe, c'est qu'en fin de compte chaque participant ait sous les yeux une Étoile qui scintille de mille feux, envers laquelle il s'engage avec un *oui* enthousiaste.

Trouvez les personnes qui rêvent de la même étoile que vous

★ Allez donc fureter là où vous seriez susceptible de tomber sur des personnes qui sont sur la même longueur d'onde que vous. Écrémez toutes les sources d'information possibles telles que le Web, les petites annonces, les salons, les congrès et autres associations. Avec vos partenaires, faites clairement le point sur vos objectifs respectifs. Veillez à peaufiner ce que vous vous voyez réaliser ensemble.

Surtout, pas de pression

★ Assurez-vous que chaque membre du groupe est libre de décider s'il est partant ou pas. Il en va de même pour vous. Ne vous soumettez pas à une obligation édictée par le groupe, choisissez la tâche qui vous convient le mieux. Cela est valable pour toute la durée de l'aventure.

Accordez plus de temps aux réunions

★ À l'inverse d'un projet en solo, les deux premières étapes de la méthode demandent plus de temps, dynamique de groupe oblige. Pour éviter de tourner en rond, il serait avisé qu'un membre du groupe supervise les débats, sachant que chacun est éligible à cette fonction à tour de rôle.

Le savoir-faire de chacun au service du groupe

★ Procéder à un inventaire commun – à deux ou en groupe – permet d'accéder à davantage de ressources que lorsque l'on fait cavalier seul. Ce qui manque à l'un peut être fourni par l'autre. Les capacités et talents mis en commun permettent de ratisser plus large, dans la complémentarité. De ce fait, les rêves dont la réalisation est orchestrée en groupe sont souvent plus riches en ressources que sur un mode « solo ». En outre, la troisième étape du processus, qui doit se dérouler pas à pas, en est facilitée. Quand la collaboration se passe bien, tout avance plus vite : on dispose de plus de mains et de cerveaux entre lesquels répartir les tâches.

Chacun en fonction de ses talents spécifiques

★ Être égaux en droits ne signifie pas que tous doivent faire le même travail, bien au contraire. Il est important que chaque membre du groupe puisse tirer parti de ses propres talents dans le montage du projet. Ce qui signifie confier la comptabilité à celui qui s'y connaît ; et dans le cadre de travaux, s'en remettre à celui qui est bon bricoleur.

Lorsque l'on se lance en groupe dans la cueillette d'une Étoile, la sagesse recommande de faire en sorte que chacun garde son entière liberté. Celui qui fait équipe est en accord avec l'Étoile, mais rien ne saurait l'obliger à quoi que ce soit. Chaque personne a le droit de dire « oui » ou « non ». Et si quelqu'un ne voit pas les choses de la même façon que vous, il a parfaitement le droit de dire « non ». Il en va de même pour vous ; vous êtes en droit de ne plus collaborer avec quelqu'un ou de vous retirer d'un groupe si cette collaboration ne vous apporte plus rien. Ce qui ne vous empêchera pas de continuer à entretenir d'excellentes relations avec les personnes concernées.

EN GUISE DE POSTFACE

La cueillette d'une Étoile démarre avec un désir profondément nostalgique venu tout droit du cœur. Mais ce n'est pas tout, il ne faut pas négliger un petit détail, petit mais pas moindre ; un détail que l'on aurait tendance à oublier et qui n'est rien d'autre qu'une simple hypothèse :

Supposons que j'y arrive,
supposons que j'accède
à mon Étoile.

Cette hypothèse tout en retenue permet d'admettre qu'il y a une possibilité. Rien ne prouve que cette hypothèse est juste. Rien n'est jamais sûr, rien n'est jamais garanti. Mais quelque chose nous dit que nous pourrions bel et bien accéder à notre Étoile.

Cette hypothèse inoffensive est la clé qui ouvre la voie vers une Étoile : conscients que, oui, nous sommes dans le domaine du possible, nous décidons d'aller la cueillir. Ignorer cette hypothèse rendra toute récolte impossible.

Je n'ai pas encore compris à quoi cela tient ; pourquoi certaines personnes s'accordent cette chance en partant du principe que cela pourrait marcher ; et pourquoi d'autres ne le font pas. Contrairement à ce qui est communément admis, l'éducation et l'enfance ne sauraient en être tenues pour responsables. J'ai connu des gens qui ont grandi dans des circonstances pour le moins déprimantes, ballottés entre foyers ou familles d'accueil, ou élevés au sein d'une famille qui ne leur ont prodigué ni amour ni soutien. Et pourtant, ils ont réussi à cueillir les Étoiles qui leur ont permis de se réaliser dans la vie.

Alors, que diriez-vous d'une Étoile absolument grandiose ? L'une de ces Étoiles qui vous en met plein les yeux. Plus claire et plus brillante que tout ce que vous avez osé imaginer jusqu'à aujourd'hui. Une Étoile de cette ampleur n'est pas plus difficile à atteindre qu'une Étoile plus modeste. Vous le savez maintenant : peu importe la longueur du chemin qui mène vers votre Étoile. Ce à quoi vous aspirez du fond du cœur est forcément accessible. Dehors se trouve le vaste monde, prêt à vous apporter tout son soutien.

POUR ALLER PLUS LOIN

Berckhan, Barbara, *Assez trimé ! Faire moins pour accomplir plus*, « Vivre léger », Éditions Jouvence, 2017.

Dulot, Jean-Christophe, *Mon Cahier poche : je trouve mon ikigai et je donne du sens à ma vie*, Éditions Jouvence, 2018.

Ras, Patrice, *L'Art de questionner*, Éditions Jouvence, 2016.

Ruder Schoof, Stéphanie, et Giulia Mereu, Francesca, *Mon Cahier poche – ni paillasson, ni hérisson : je m'affirme*, Éditions Jouvence, 2018.

Schäfer, Stefanie Carla, *S'aimer rend fort*, « Vivre léger », Éditions Jouvence, 2017.

Spiler, Pascal, *Chaque jour est un bon jour*, Éditions Jouvence, 2018.

Vorger, Elina, *Et si j'étais plus*, Éditions Jouvence, 2018.

COPYRIGHTS DES ILLUSTRATIONS

SOURCES DES CITATIONS

Page 18 : Francis Picabia (écrivain français, peintre et graphiste), aphorismes, *Notre tête est ronde pour permettre à notre pensée de changer de direction*, pour l'édition allemande, Hambourg, Nautilus, 1995.

Page 20 : Mary Lou Cook (artiste américaine, engagée pour la paix dans le monde).

Page 40 : Peter Sirius (de son nom allemand, Otto Kimmig, professeur de lycée, poète et auteur d'aphorismes), aphorisme tiré de *Tausend und ein Gedanken*, Münich, Carl Andelfinger, 1899.

Page 62 : Laurence Shorter (auteur de Lazy Guru), *Entspannt durchs Leben*, Münich, Ariston, 2016, p. 243.

Page 85 : Ralph Waldo Emerson (philosophe américain, poète), source incertaine.

Dépôt légal : janvier 2019
Achevé d'imprimer en décembre 2018
Imprimé en Bulgarie